Anouk Scherer

Authentisch, präsent, charismatisch

Anouk Scherer

Authentisch, präsent, charismatisch

Nutzen Sie das Potenzial Ihrer Ausstrahlung

Illustriert von Gabi Kopp

Bibliografische Information der Deutschen Nationalbibliothek

Die Deutsche Nationalbibliothek verzeichnet diese Publikation in der Deutschen Nationalbibliografie; detaillierte bibliografische Daten sind im Internet über http://dnb.d-nb.de abrufbar.

ISBN 978-3-86936-123-9

Illustrationen: Gabi Kopp, CH-Luzern
Lektorat: Dr. Michael Madel, Ruppichteroth
Umschlaggestaltung: Martin Zech, Bremen I www.martinzech.de
Umschlagfoto: Stalman/iStockphoto
Satz und Layout: Lohse Design, Büttelborn I www.lohse-design.de
Druck und Bindung: Salzland Druck, Staßfurt

www.gabal-verlag.de
Abonnieren Sie den GABAL-Newsletter unter:
newsletter@gabal-verlag.de

Inhalt

Vorwort

Die Welt befindet sich im Wandel. Ein neuer Blick muss her, um den Ansprüchen von morgen gerecht zu werden. In dieser Zeit des Umbruchs haben Sie sich ein Buch gekauft mit dem Titel «Authentisch, präsent, charismatisch». Ein Buch, das Ihre charismatische Ausstrahlung aus dem Schatten des Offensichtlichen holen möchte.

Die Wirkung, die wir auf unsere Mitmenschen haben, ist uns schon lange nicht mehr gleichgültig, da sie für unseren persönlichen Erfolg unerlässlich ist. Das haben wir in den letzten Jahren immer wieder zu hören bekommen – und zu lesen.

Heraus aus dem Schatten des Offensichtlichen

Wir hatten und haben dabei die Qual der Wahl: Glücklich, wer den Überblick behält in diesem zuweilen unübersichtlichen Dschungel aus Fachbüchern und Ratgebern zur Rhetorik, in allen Schattierungen, von Autoren unterschiedlichster Richtungen. Dann gibt es in Sachen Wirkung auch noch Bildbände, ja ganze Lexika zur Körpersprache, Fachbücher zum Thema Präsentation und natürlich Hilfen für das öffentliche Vortragen. Von literarischen Stützen in Sachen Stil und Kleidung ganz zu schweigen.

Warum also noch ein Buch zum Thema? Dieses Buch, das Sie in Händen halten, will nicht nur ein einzelnes Puzzleteilchen zur Verwirklichung Ihres Wunsches nach einer besseren Wirkung nach außen sein. Vielmehr hat es zum Ziel, sich Ihres Anliegens umfassend und als Ganzes anzunehmen, einfach und ohne Umwege. Es sieht Charisma als Königsdisziplin, der all die oben genannten Themen untergeordnet sind.

Charisma als Königsdisziplin

Es möchte vermitteln, dass in Wahrheit all diese Themen zur äußeren Wirkung zusammengehören, eigentlich eins sind: Präsenz soll immer mit Authentizität einhergehen, Bewusstsein und Aufmerksamkeit immer eine Folge von Respekt sein, Charisma das Ergebnis von allem. Genauso wie Sie als Mensch eines sind, ein ganzheitliches Wesen sind, mit all Ihren verschiedenen Facetten.

Dieser Ratgeber möchte vernetzen – und trifft so den Nerv der Zeit. Vielleicht ist jetzt auch der Moment, nicht mehr nur den persönlichen Erfolg anzustreben, wenn Sie bewusst an Ihrer Wirkung auf andere arbeiten.

Dieser Gedanke ist Ihnen vielleicht schon vertraut, konnte man doch in den letzten Jahren viele Bücher über Empathie und den EQ lesen. Aber wurden diese Botschaften auch wirklich verstanden, beziehungsweise gelebt, oder hat man sie im hintersten Winkel des Gedächtnisses abgelegt, um sie dort verstauben zu lassen?

Dieser Leitfaden greift einige, vielleicht schon bekannte Themen auf, um sie in neuem „charismatischen" Zusammenhang zu beleuchten und so für die Praxis zugänglich zu machen: Werden Sie authentisch, präsent, charismatisch!

Wenn Sie dieses Buch nur gekauft haben, um in Zukunft das Maximum an persönlichem und wirtschaftlichem Erfolg zu erreichen, könnte das sogar funktionieren, aber schade wäre es allemal. Denn Sie würden nur einen Bruchteil Ihrer Möglichkeiten ausschöpfen. Charisma ist und kann so viel mehr.

Wer Charisma entwickelt, wer Charisma hat, so die Quintessenz dieses Ratgebers, gibt den Menschen ganz viel von sich – und bekommt umso mehr zurück. Und sei es lediglich Erfolg.

1. Was ist Charisma? Auf den Spuren der Ausstrahlung

Es geht los – wir begeben uns auf die Suche nach der Ausstrahlung, nach dem Lichtstrahl, den auch Sie aufblitzen lassen können. In diesem ersten Kapitel werden nach einigen einleitenden Überlegungen die Grundvoraussetzungen für optimale Wirkung definiert. Ich stelle Ihnen die Begriffe „Charisma-Instrumente", „INNEN" und „AUSSEN" vor und führe sie als diejenigen Arbeitsbegriffe ein, die Sie das ganze Buch über begleiten werden.

Mit der Erarbeitung Ihrer persönlichen Definition des Wortes „Charisma" und nicht zuletzt mit einigen Arbeitsblättern und Übungen sollen Sie diese ersten Seiten motivieren, die Arbeit an und mit sich selbst mit Freude aufzunehmen.

Ein Geschenk Gottes oder Technik?

Sie haben es – das gewisse Etwas! Vielleicht hat es sich bisher hinter Ihrem vernünftigen Ich versteckt, um nur ab und zu wie ein feiner Lichtstrahl hervorzublitzen. Oder es ist, wie so oft im Leben, für alle sichtbar. Nur Sie selbst mögen nicht so recht daran glauben, denn charismatisch sind doch immer nur die anderen!

Urbedürfnis nach Anerkennung Aber bestimmt haben Sie auch schon davon geträumt, dass sich alle nach Ihnen umdrehen, wenn Sie eine Menschenmenge durchschreiten? Oder dass es still wird im Raum, den Sie gerade betreten? Dieses Urbedürfnis nach Beachtung und Anerkennung, ja nach Wertschätzung und Bewunderung – wahrscheinlich kennen auch Sie es.

Polarisierender Begriff Das Wort „Charisma" scheint zu polarisieren. Einerseits wird es in unserem modernen Sprachgebrauch von vielen Menschen großzügig und zuweilen recht unreflektiert, ja unüberlegt verwendet. Wer prominent, gutaussehend und bekannt ist, erhält oft automatisch die Ehrenbezeichnung „charismatisch". Dieser Begriff, der etwas Geheimnisvolles und Unfassbares bezeichnet, wird ganz banal auf Menschen angewendet, die doch nur durch ein hübsches Äußeres glänzen.

Faszinierender „Humbug" Andererseits gibt es den Trend, Dinge und Phänomene nicht anzuerkennen, die der eigene Verstand nicht begreifen oder in eine Ordnung zwängen kann. „Charisma – alles Humbug!", heißt es dann abschätzig. Was man nicht begreifen kann, dem wird allzu schnell die Existenz abgesprochen. Oder es wird in eine pseudowissenschaftliche Schublade gezwängt. Und dann gibt es da noch das „eigentliche" Charisma – das Charisma, von dem in diesem Buch die Rede sein wird. Doch dazu später mehr.

Des Weiteren stellt sich die Frage nach dem bewussten Aufbau von Charisma: Lässt sich Charisma erlernen? Ist es lernbar? Das ist doch nicht möglich – oder vielleicht doch? Viele Menschen verteidigen vehement die Ansicht, dass es sich bei Charisma um eine gänzlich genetische Angelegenheit handelt. Man hat es – oder man hat es eben nicht! Dem einen ist es in die Wiege gelegt – dem anderen eben nicht.

Charisma aufbauen und erlernen

Doch kommen wir zu den Optimisten, die es zumindest für möglich halten und auch hoffen, der Mensch könne in Sachen Charisma doch noch etwas zum Positiven beeinflussen. Die wenigsten glauben aber tatsächlich daran, dass man charismatisch werden kann. Nun, dieses Buch möchte Sie vom Gegenteil überzeugen, sofern Sie zu diesen Zweiflern gehören.

Charisma erarbeiten

Damit Sie, meine Leserinnen und Leser, mich nicht falsch verstehen: Ich möchte das Phänomen „Charisma" keinesfalls seines geheimnisvollen Zaubers berauben. Vielmehr möchte ich den Menschen, die sich damit beschäftigen, Mut machen und Hilfe bieten, ihre ganz persönliche charismatische Ausstrahlung frei zu legen und „ihr Licht anzuknipsen", ihr Charisma offensichtlich zu machen, so dass es auf andere Menschen wirken kann. Um es deutlich zu sagen:

Licht anknipsen

Sie haben Charisma, Sie verfügen über das gewisse Etwas – Sie müssen es aber in sich selbst entdecken und nach außen wirken, also ausstrahlen lassen können.

Wir sind einzigartige Individuen

Sicher, die Idee, *ein Geschenk der Natur,* etwas *Gottgegebenes* noch vervollkommnen zu wollen oder zu können, hat etwas Blasphemisches an sich. Das gilt aber nicht, wenn Sie davon ausgehen, dass es sich bei dem Aufbau oder der Entfaltung und Entwicklung von Charisma um einen Befreiungsakt handelt. Es geht nicht darum, etwas Neues zu schaffen – wie die Natur oder wie ein Gott –, sondern darum, etwas, das in Ihnen bereits vorhanden ist, offen zu legen, es vielleicht zu verändern, zu optimieren und für Ihre Ausstrahlung zu nutzen.

Sie sind, wer Sie sind

Eine Bitte habe ich: Machen Sie sich klar, *wer* Sie sind. Mit all Ihren guten und schlechten Erfahrungen, die Sie in Ihrem bisherigen Leben gesammelt und sich erarbeitet haben, mit all Ihren Stärken und Schwächen. Bedenken Sie: Sie tragen eine Schatzkiste voller Erinnerungen, Glücksmomente und auch Tiefschläge in sich. Einen richtigen Schatz eben, der unermesslich wertvoll ist, denn dieser Schatz gehört nur Ihnen. Er hat Sie geprägt und macht Sie einmalig. Und es ist eben diese kleine goldene Kiste, die den inneren Grundstock für Ihre ganz individuelle und großartige Ausstrahlung bildet.

Sie sind einmalig und bemerkenswert. Es gibt Sie auf der ganzen Welt nur einmal. Nur Sie konnten Ihr bisheriges Leben leben und sich Ihren Erfahrungsschatz aneignen. Und darum ist auch Ihre Ausstrahlung einmalig.

Charisma lässt sich nicht spielen

Kennen Sie diesen Ausspruch: „Charisma kann man nicht spielen!"? In einem Punkt stimme ich zu: Charisma lässt sich nicht vortäuschen oder imitieren. Sie können niemandem vormachen, Sie hätten diese bestimmte Art von Ausstrahlung, wenn Sie sie selbst für sich noch gar nicht entwickeln konnten.

Charismatische Menschen spielen

Aber *charismatische Menschen* kann man durchaus spielen – die Literatur ist ja geradezu übervölkert mit bemerkenswerten, besonders ausstrahlenden Individuen. Gehen Sie ins Theater und überzeugen Sie sich selbst, oder lesen Sie ein paar Stücke der Weltliteratur. Es gilt aber auch: Nicht jeder von uns kann einen charismatischen Menschen „einfach so" darstellen und als Figur auf die Bühne des Lebens stellen.

Einem professionellen Schauspieler ist es jederzeit möglich, seine Ausstrahlung auf Knopfdruck einzuschalten beziehungsweise wieder auf ein „privates", unauffälliges Niveau zu dosieren. Er kann sie auch verändern, schließlich hat er schon viele verschiedene Rollen gespielt, Menschen mit einer ganz bestimmten Ausstrahlung dargestellt. Diese Ausstrahlung kann er anhand der Figur konstruieren, verinnerlichen und sich „ausleihen". Diese Technik muss ein Schauspieler beherrschen. Für uns aber gilt: Man muss wahrlich kein Schauspieler sein, um sein Charisma optimal strahlen lassen zu können.

Alles eine Frage der Technik

Es gibt eine Technik, die sich auch außerhalb eines Theaters oder Filmstudios anwenden lässt. In Kursen und Seminaren zeigt sich regelmäßig, wie sich Charisma und Ausstrahlung auch im ganz normalen Geschäftsalltag mit Hilfe dieser Technik aufbauen lässt. Michael Shurtleff, der berühmte Casting-Director am New Yorker Broadway, gibt den Schauspielern in seinem Buch *Erfolgreich vorsprechen* den Rat, die eigene Freiheit zu fühlen und zuzulassen, dass alles möglich ist.

Die eigene Freiheit zulassen

Diesen Tipp möchte ich an alle Menschen weitergeben, die an sich arbeiten und sich zum Positiven verändern wollen. Denn erst wer frei ist, kann nach außen strahlen, wie er möchte. Und für wen alles möglich ist, für den werden sich Blockaden, Hindernisse und Hemmungen wie von selbst auflösen.

Blockaden verhindern Ausstrahlung

Jeder Mensch „strahlt aus". Manche sind von Haus aus extrovertierter veranlagt, haben es also etwas leichter, können zielgerichteter „strahlen". Andere müssen mehr dafür arbeiten. Meistens sind es unsere eigenen inneren Blockaden, die uns nicht oder nur wenig ausstrahlen lassen. Machen Sie sich also bewusst, dass Sie sich mit einem klärenden Blick nach innen und der richtigen Technik Ihre grundeigene Wunschausstrahlung schaffen können.

Also: Mit Sicherheit haben einige Menschen eine besonders gute Grundausstattung beziehungsweise gut funktionierende Instrumente geschenkt bekommen, um ihr Charisma auszustrahlen – ob nun von Gott oder ihren Genen. Tatsache ist aber auch, dass jeder Mensch charismatisch „ausstrahlen" kann, wenn es ihm erst einmal gelungen ist, seine inneren Blockaden aus der „Strahlebahn" zu räumen. Solche Blockaden können sein: Schüchternheit, Hemmungen, Unzufriedenheit, allgemeine Unsicherheit bis hin zu ernsthaften psychischen Problemen.

Wenn der Weg wieder frei, die „Strahlebahn" geräumt ist, können Sie sich den einzelnen Bausteinen der gewünschten Ausstrahlung zuwenden und sie mit etwas Übung entfalten und im Alltag nutzen.

Das WAS und das WIE Ihres Ausdrucks

In Rhetorikbüchern wird immer wieder – sogar in Prozentzahlen – ausgeführt, welchen „Beitrag" Stimme, Körpersprache und gesprochenes Wort leisten, wenn wir auf andere Menschen wirken. Der Körpersprache wird dabei die größte Bedeutung zugeschrieben, gefolgt von Stimme und Sprechweise. Das Schlusslicht bildet mit erschreckender Winzigkeit der eigentliche Inhalt, also das, was wir sagen. So ist es also für das Gegenüber schwieriger zu behalten, *WAS* jemand versucht hat zu vermitteln, als sich zu erinnern, *WIE* er dies gemacht hat.

Beeindruckend, dass der Inhalt – oder anders formuliert, die Kernbotschaft, die Sie als Redner Ihrem Publikum mitgeben möchten – offenbar einen so minimalen Stellenwert einnimmt, wenn es um Ihre Außenwirkung geht. Das irritiert, schließlich haben Sie doch etwas zu sagen!

„Was du bist, schreit so laut in meinen Ohren,
dass ich nicht hören kann, was du sagst."

RALPH WALDO EMERSON (1803–1882),
US-AMERIKANISCHER DICHTER UND PHILOSOPH

Daher lohnt es sich, etwas Zeit und Engagement in das *WIE* zu investieren, um dem *WAS* mehr Gewicht zu verleihen. Dazu stehen Ihnen viele Möglichkeiten offen, die ich Charisma-Instrumente nenne. Dazu zählen eben auch die Körpersprache, die Stimme und die Sprechweise.

Das WIE Ihres Ausdrucks

Es ist wichtig, *WAS* Sie sagen. *WIE* Sie es aber sagen, macht Ihre Botschaft (be)merkenswert und einzigartig. Denn Ihre Zuhörer und Gesprächspartner erinnern sich viel mehr und intensiver an den Redner und an spezielle Begebenheiten etwa eines Vortrags als an dessen Inhalt.

Gönnen Sie sich deshalb eine Pause von Ihrem Intellekt, fokussieren Sie sich nicht allein auf den Inhalt dessen, was Sie zum Ausdruck bringen wollen, sondern nehmen Sie sich mehr Zeit, Ihr persönliches *WIE* zu kultivieren. Sie verfügen als Persönlichkeit über unzählige Facetten, um Ihr Charisma zum „Ausstrahlen" zu bringen.

Das WIE kultivieren

....

Werden Sie selbst zu der Botschaft, die Sie zum Ausdruck bringen wollen. Um Botschafter und Botschaft gleichzeitig werden zu können, gönnen Sie sich den Luxus, sich intensiv mit sich selbst zu beschäftigen.

Grundvoraussetzung für den Aufbau von Charisma: INNEN und AUSSEN

Nur dem Koch nützt das Rezept

Bitte verdeutlichen Sie sich, dass Ihnen mit der „Charisma-Formel", die Sie am Schluss dieses Buches kennen lernen, nicht einfach ein Rezept vorgelegt wird, dass Sie nach zweimaligem Durchlesen problemlos anwenden können. Etwas mehr Arbeit bedeutet es schon. Mit Rezepten kann nur derjenige etwas anfangen, der wenigstens etwas vom Kochen versteht und über Grundkenntnisse verfügt.

Zauberwort „Bewusstsein"

Aber keine Angst. Es ist eine schöne, angenehme und dankbare Arbeit. Pflegen Sie sich und Ihre Charisma-Instrumente. Auch wenn Sie sich und Ihrer Ausstrahlung noch nicht gänzlich und nicht immer bewusst sind – die Anlagen sind da. Das waren sie schon immer – und zwar bei jedem Menschen. Diese Anlagen bilden quasi die Glühbirne, die es jetzt nur noch anzuknipsen gilt. Und damit sind wir bei dem ersten Zauberwort, bei der ersten Ihrer Anlagen, die es anzuknipsen gilt: das Bewusstsein.

Lernen Sie, sich Ihres Körpers bewusst zu werden

Wenn Ihnen der Begriff „Bewusstsein" diffus erscheint oder Sie ihn eher in der esoterischen Ecke ansiedeln, nehmen Sie sich doch kurz die Zeit, um zu untersuchen, was er im Zusammenhang mit Ihrem Auftreten genau bedeutet. Bewusst sein – Bewusstsein: Mit diesem Begriff meine ich: Sie gehen mit offenen Augen und gespitzten Ohren aufmerksam durch das Leben, nehmen dabei alle Dinge auch im Detail wahr, um schließlich Zusammenhänge erkennen zu können. Sie gehen also bewusst durchs Leben.

Fragen Sie sich doch einmal selbst: Wie bewusst tun Sie die Dinge, die Sie tun? Und: Ist Ihr Bewusstsein auch eingeschaltet, wenn Sie glauben, nichts zu tun?

Auch bezüglich Ihrer Charisma-Instrumente gilt es, bewusster **Veränderung**
zu werden: Haben Sie zum Beispiel schon immer so gespro- **ist möglich**
chen, wie Sie das nun einmal tun, immer nur in der Stimmlage, die Sie kennen, in Ihrem Dialekt, der sich nun wirklich
nicht verbergen lässt, wie viele behaupten? Manche Menschen
glauben, nichts an ihrer Haltung, an ihrer Gestik, an ihrer Mimik, kurz: an ihrer Körpersprache verändern zu können. Aber
ist das wirklich wahr? Ist es nicht zum Beispiel möglich, etwas
gegen den verbitterten Gesichtsausdruck zu tun, der anscheinend wie eingebrannt die Mimik dominiert?

Vielleicht kennen Sie Ihren Körper schon ziemlich gut und **Der Körper**
wissen, wie es sich anfühlt, wenn er bestimmte Bewegungen **als Resonanzfläche**
macht, er entspannt oder stocksteif ist. Sie wissen, wie hoch
oder wie tief, sogar wie laut Ihre Stimme sein kann. Bewusstsein bedeutet hier, jede Facette, jedes einzelne Element Ihres
Auftretens zu kennen und im Körper zu spüren – neben dem
Aussehen, der Körpersprache, der Stimme und dem Sprechton
ist selbstverständlich auch Ihre Atmung gemeint.
Wenn nicht, werden Sie dies mit Hilfe dieses Buches erlernen
können – und auch, mit Ihrem Körper und Ihren Charisma-
Instrumenten zu arbeiten.

**Um an sich selbst und an der Wirkungsweise nach AUSSEN
arbeiten und etwas verändern zu können, müssen Sie sich
zuerst sich selbst und Ihres Körpers bewusst sein.**

Begrifflichkeiten zum besseren Verständnis

Um Charisma aufzubauen und es optimal strahlen zu lassen,
benötigen Sie Charisma-Instrumente. Mit den Begriffen IN-
NEN und AUSSEN lässt sich die Richtung beschreiben, in die
Ihre Ausstrahlung wirken kann. Bevor ich Ihnen beschreibe,
wie Sie Charisma aufbauen können, ist es notwendig, einige
Begriffe näher zu erläutern.

Charisma-Instrumente

Charisma-Instrumente: Sie benötigen gewisse Werkzeuge und Instrumente, um Ihrem Charisma dazu zu verhelfen, auszustrahlen. Dazu zählen zum Beispiel die akustischen und die optischen Charisma-Instrumente. Sie sind physisch nachweisbar, kontrollierbar und relativ leicht zu definieren. Allen Charisma-Instrumenten übergeordnet ist unser Körper – keines der Charisma-Instrumente kann ohne ihn existieren, von allen ist er ein Teil.

INNEN und Innenwelt

Der Begriff „INNEN" steht für Ihre Ziele, Intentionen, Prinzipien, Emotionen, Erfahrungen und Wünsche. Aber er steht auch für die Ängste, Blockaden und festgefahrenen Verhaltensmuster, die Sie daran hindern, Ihr Charisma auszustrahlen. Er meint Ihre Innenwelt, er meint die inneren Wirkfaktoren, mit denen Sie einerseits Ihr Charisma ausstrahlen können, die Sie aber zugleich daran hindern können, dies zu tun.

In seiner unendlichen Vielfalt ist das INNEN aber immer auch die Inspiration und Quelle der charismatischen Ausstrahlung.

AUSSEN und Außenwelt

Kommen wir zu dem Begriff „AUSSEN": Ihn verwende ich, wenn es um die Welt außerhalb Ihrer selbst geht, etwa um die Natur und die Mitmenschen. Das AUSSEN ist das Ziel, also der Empfänger Ihrer „Strahlekraft", die Außenwelt, auf die Sie mit Ihren inneren Wirkfaktoren ausstrahlen. Das AUSSEN, die Außenwelt, nimmt die Wirkungen wahr, die Sie mit Hilfe Ihrer inneren Wirkfaktoren erreichen.

Stellen Sie sich vor, bei INNEN und AUSSEN handelte es sich um zwei Orte, zwei verschiedene, eigene Universen. Diese können zwar allein, in sich autonom und eigenständig funktionieren, sind aber gleichzeitig miteinander zu einer Einheit verbunden.

Übung: Körperwahrnehmung INNEN – nehmen Sie den Raum Ihrer Innenwelt wahr

Jetzt dürfen Sie sich erst einmal entspannen. Setzen oder legen Sie sich hin, wie es für Sie am bequemsten ist. Kommen Sie zur Ruhe. Lassen Sie den Alltag und alle Gedanken, die Sie eben noch beschäftigt haben, hinter sich. Folgen Sie nun Ihrer Atmung, versuchen Sie, diese genau wahrzunehmen und eins mit ihrem Rhythmus zu werden. Versuchen Sie, einige Minuten an nichts zu denken außer an Ihre Atmung. Beobachten Sie, wie Ihr ganzer Körper von selbst „beatmet wird", ohne Ihr aktives Zutun. Nun versuchen Sie wahrzunehmen, wo Ihr Körper aufhört und wo die Umwelt beginnt, wo also Innenwelt und Außenwelt sich berühren.

Versuchen Sie, dieses Gefühl eine Zeit lang aufrecht zu halten, bevor Sie wieder in den Alltag zurückkehren.

Sobald Sie ein gutes Bewusstsein für Ihren Körper und Ihre Innenwelt entwickelt haben, können Sie sich nun mit der gleichen Aufmerksamkeit Ihrer Um- und Außenwelt zuwenden:

Innere und äußere Aufmerksamkeit

- Wer zum Beispiel in seiner Außenwelt optisch eine präsentere Wirkung erreichen möchte, sollte zuerst lernen, andere Menschen genau anzuschauen. Achten Sie dabei nicht nur auf die Kleidung und den Stil, sondern beachten Sie auch die Körpersprache und die Mimik.

- Um eine schönere, sonore, resonante Stimme zu bekommen und zu pflegen, sollten Sie Ihren Körper genau beobachten und wahrnehmen, wenn er schöne Töne produziert. Selbstverständlich sollten Sie auch stets genau in Ihre Außenwelt hineinhorchen, um andere angenehme Stimmen zu erkennen oder herauszuhören, was einen überzeugenden Sprecher auszeichnet.

Diese beiden Beispiele sind übrigens der Vielzahl der Charisma-Instrumente entnommen, die Sie in der zweiten Hälfte dieses Buches noch ausführlich kennen lernen.

Übung: Wahrnehmung AUSSEN – nehmen Sie Ihre Außenwelt wahr

Bitte lehnen Sie sich zurück und genießen Sie es, das Tun einmal ruhig den anderen zu überlassen. Beobachten Sie Ihr Umfeld. Beobachten Sie die Details im Auftreten anderer Menschen. Versuchen Sie, Ihre Sinne zu schärfen. Denn nur, wer die Feinheiten des *WIE* bei den anderen Menschen wahrnimmt, wird sie auch bei sich selbst feststellen, richtig einschätzen und verändern können.

Von anderen Menschen lernen

Als „Studienobjekte" für den vielfältigen Einsatz der Charisma-Instrumente eignen sich zum Beispiel Tagesschausprecher, Moderatoren oder andere Medienprofis besonders gut. Beobachten Sie auch, worauf das gewisse Etwas Ihrer Mitmenschen beruht. Bei besonders stark ausstrahlenden Persönlichkeiten werden Sie etwas wahrnehmen, was Sie mit Ihren Sinnen wahrscheinlich nicht definieren können. Das ist aber auch nicht notwendig. Schauen, hören und spüren Sie genau hin, dies wird Ihr Bewusstsein für die weitere Arbeit vorbereiten. Genießen Sie vorab die Perspektive des Betrachters und profitieren Sie davon – denn jetzt sind Sie das AUSSEN Ihrer Mitmenschen.

Charisma erlernen – und kontinuierlich trainieren

Meistens verstehen Seminarteilnehmer sehr schnell, was ich ihnen vermitteln will, und sie können es auch sehr schnell umsetzen. So erzielen sie beachtliche Erfolge, wenn sie die verschiedenen Charisma-Instrumente einsetzen. Zum Beispiel haben schon viele Seminarteilnehmer durch den charismatischen

Einsatz ihrer Körpersprache und ihre Auftrittskompetenz ein großartiges Abschlussergebnis erreicht. Allerdings: Wenn der innere Wunsch, sich zu verändern, nicht stark genug ausgeprägt ist, fallen sie rasch in ihre alten Verhaltensweisen zurück.

Und darum ist es notwendig, dass Sie zunächst einmal überprüfen, inwiefern dieser innere Wunsch bei Ihnen vorhanden ist und ob Sie nicht zunächst einmal daran arbeiten müssen, ihn als Ziel zu formulieren: Ist es Ihre Intention, mit Hilfe Ihrer Charisma-Instrumente auf andere Menschen positiv zu wirken? **Wille ist entscheidend**

Es ist eine Tatsache, dass neu erworbene Fähigkeiten sich nur dann nachhaltig festigen können, wenn sie mit einer gewissen Kontinuität gepflegt werden. Gerade wenn es um Ihre Charisma-Instrumente geht, lohnt es sich immer, mit einer lockeren Routine neu erworbene Fähigkeiten und Verhaltensweisen zur täglichen Gewohnheit werden zu lassen.

Trainieren Sie Ihre Charisma-Instrumente immer wieder

Wenn Sie eine Sprache neu lernen, diese aber nie sprechen, wird sie sich vielleicht einen Weg zu Ihrem Unterbewusstsein bahnen – wenn Sie Glück haben. Wenn Sie sie aber auf Dauer gar nicht in Ihrem Alltag nutzen können, werden Sie sie langsam aber sicher wieder vergessen. Sogar Sprachen, die Sie einmal fließend gesprochen haben, nun aber längere Zeit brach liegen, müssen Sie zeitaufwendig „reanimieren".
Ähnlich verhält es sich mit der Erlernung und Nutzung der Charisma-Instrumente.

Charisma liegt im Auge des Betrachters

Stellen Sie sich bitte einmal vor, Sie machen ganz allein einen Spaziergang im Wald. Versuchen Sie, sich diese Situation möglichst plastisch vorzustellen: Der Duft des Mooses und der feuchten Erde unter Ihren Füßen, das Licht, das durch die Baumkronen warm auf Ihr Gesicht fällt, und natürlich das Vogelgezwitscher. Außer Ihnen ist weit und breit niemand da, nur Sie und die Natur.

Wie charismatisch fühlen Sie sich im Moment?

Wann ist die innere Glühbirne an? Wahrscheinlich fühlen Sie sich durchaus gut. Aber charismatisch? Nein. Wenn Sie ein sensibler Mensch sind, spüren Sie vielleicht die Natur und die Verbindung mit ihr. Sie fühlen sich ruhig und entspannt, Sie sind ganz bei sich selbst. Dies sind sehr gute Voraussetzungen für eine starke Ausstrahlung. Aber wenn Sie sich so allein im Wald befinden, werden Sie wahrscheinlich gar nicht das Bedürfnis verspüren, jetzt und hier Ihr Licht so richtig hell erstrahlen zu lassen.

Das, was Sie auf Ihrem einsamen Spaziergang in der Natur erleben und was mit Ihrem Körper und Ihrem Geist dabei passiert, ist unserer Arbeit mit der „inneren Glühbirne" nicht unähnlich – und doch ganz anders gelagert.

In die Natur gehen die meisten Menschen, um aufzutanken, wieder zu Kräften zu kommen und den leeren Energiespeicher aufzuladen. Die Worte „auftanken" und „aufladen" zeigen ganz deutlich eine andere Bewegung auf, als es bei „ausstrahlen" der Fall ist. Sie ziehen die Kräfte der Natur und der Stille gleich der frischen Luft in Ihren Körper hinein, lassen Ihre Gedanken ruhiger werden, durch diesen Spaziergang „reinigen". Es findet also eine sanfte Bewegung von AUSSEN nach INNEN statt. Würden Sie Ihr Charisma jedoch strahlen lassen, wäre die Bewegung von INNEN nach AUSSEN gerichtet.

Bewegung von AUSSEN nach INNEN

Wer keine anderen Menschen um sich hat, verspürt selten das Bedürfnis, präsent zu sein, nach außen zu strahlen und zu wirken. Und wie Sie später sehen werden, gehört die Präsenz zur Grundausrüstung einer charismatischen Ausstrahlung.

Ohne Menschen um sich herum braucht man sein Licht nicht anzuknipsen. Selbstverständlich gehen dann Dinge in einem vor, die Innenwelt ist beschäftigt – auch dann kann man sich mit der Außenwelt verbunden fühlen. Aber primär wird nicht Charisma ausgestrahlt und aktiviert. Sie sehen also: Die charismatische Ausstrahlung braucht die anderen Menschen, um wirken zu können.

Wenn Sie ganz allein sind (in der Natur oder im stillen Kämmerlein), findet in Ihnen eine Bewegung von AUSSEN nach INNEN statt. Strahlen Sie jedoch bewusst aus, verläuft diese Bewegung umgekehrt! Um aus der natürlichen, neutralen Ausstrahlung Charisma entstehen zu lassen, braucht es die anderen Menschen.

Übung: In welche Richtung strahlen Sie aus?

Beobachten Sie sich bitte einmal selbst, wenn Sie in Zukunft alleine sind. Versuchen Sie, ganz genau wahrzunehmen, was in Ihrem Körper und in Ihrem Geist vorgeht, wenn Sie zum Beispiel in der Natur spazieren gehen.

Auch die Dinge, die sich auf der emotionalen Ebene abspielen, sollten Sie nicht übersehen. Achten Sie dabei besonders auf Ihre Atmung. Entdecken Sie eine Richtung?

Charisma und die anderen Menschen

So individuell und einzigartig die Ausstrahlung eines Menschen ist, so individuell und unterschiedlich wird sie von der Außenwelt wahrgenommen. So gibt es Menschen, die eine bemerkenswerte Ausstrahlung haben, aber nur wenigen Menschen so richtig sympathisch sind. Auch gibt es nach außen sehr charismatisch wirkende Menschen, deren soziale Kompetenz sich jedoch in Grenzen hält. Dies sei ohne Wertung festgestellt.

Wenn es also zum Beispiel einem skrupellosen Geschäftsmann oder einem machtbesessenen Politiker gelingen kann, charismatisch nach AUSSEN zu wirken, lässt das doch eher auf eine angeeignete Technik als auf ein gutes Herz und eine soziale Ausrichtung – ich nenne dies ein geklärtes INNEN – schließen. Trotzdem spielt dabei nicht nur die Technik, Charisma ausstrahlen zu können, eine Rolle – und jetzt sollten wir endgültig zwischen verschiedenen Formen der Ausstrahlung differenzieren:

Verschiedene Formen der Ausstrahlung

Egoistische Ausstrahlung

▨ Es gibt Menschen mit einer starken Ausstrahlung, die sehr viel Platz benötigen und diesen auch für sich beanspruchen. Sich diesen Platz immer wieder zu nehmen, ist mit einer Machtausübung vergleichbar. Oft fühlen sich die Menschen in der Umgebung dieser Egozentriker oder gar Egoisten von ihnen „überfahren" und dominiert.

▨ Ob sie charismatisch wirken oder nicht, hängt davon ab, wie viel Respekt sie den Menschen in ihrer Außenwelt entgegenbringen und wie sensibel sie ihr Umfeld wahrnehmen: Reagieren sie sensibel, erkennen sie häufig ihre negative Wirkung auf andere Menschen und ändern ihr Vorgehen entsprechend.

▨ Mögliche Umschreibungen für diesen Typus sind: unhöflich, arrogant, egoistisch, selbstherrlich.

Charismatische Ausstrahlung

▨ Dann gibt es die Menschen, die einem sofort sympathisch sind und eine sehr warme Ausstrahlung haben. Oder auch Menschen, die einem auf den ersten Blick gut gefallen.

▨ Es sind Menschen, die wiederum Platz einnehmen, aber spüren, wenn dieser Platz bereits von jemand anderem genutzt wird. Ob dieses Verhalten nun auf eine höhere Sensibilität, mehr Empathie oder ganz einfach gute Umgangsformen zurückzuführen ist, sei Ihrer eigenen Einschätzung überlassen.

▨ In der Regel spricht man bei dieser Art Ausstrahlung von Charisma.

▨ Umschreibungen für diesen Typus sind: charmant, hilfsbereit, höflich, mitfühlend.

Was aber sowohl den Menschen mit egoistischer als auch mit charismatischer Ausstrahlung gelingt, wenn auch vielleicht mit unterschiedlicher Motivation: Sie fesseln ihre Mitmenschen mit ihrer Ausstrahlung und stellen auf diese Art einen intensiven Kontakt zu ihnen her.

Selbstverständlich gibt es noch mehrere Formen der Ausstrahlung. Die zwei beispielhaft genannten Typen dienen der Veranschaulichung dessen, was unter einer charismatischen Persönlichkeit verstanden werden soll.

Die Rolle des Betrachters Nun gibt es also Ausstrahlungen, die sich grob in zwei verschiedene Kategorien einteilen lassen, aber insgesamt so unterschiedlich und bunt sind, wie wir Menschen eben auch. Welche Rolle aber spielt eigentlich der Betrachter dabei, also derjenige, der letztendlich die Aussage trifft: „Dieser Mensch hat das gewisse Etwas, er oder sie hat Charisma"?

Auch der Betrachter ist selbstverständlich ein Individuum – wie der Ausstrahlende mit seiner Ausstrahlung. Darum seien Sie sich bitte bewusst, dass jeder Ihre Ausstrahlung anders wahrnehmen wird. Auf einige Menschen wird Ihre Ausstrahlung vielleicht sehr intensiv oder sogar zu stark wirken. Andere wiederum bemerken Ihre Ausstrahlung überhaupt nicht. So wie es Blinde und Sehende, Taube und Hörende gibt, gibt es auch sehr feinfühlige und aufmerksame Menschen, und solche, die nur sehr wenig wahrnehmen können oder wollen.

Berücksichtigen Sie bitte diese Bandbreite von Wahrnehmungsweisen, wenn Sie Feedback von AUSSEN bekommen. Schließlich würden Sie sich auch nicht ausgerechnet von einer blinden Person Styling-Tipps geben lassen.

Feedback von AUSSEN

So wie jeder Mensch eine individuelle und einzigartige Ausstrahlung hat, so nimmt auch jeder Mensch die Ausstrahlung seines Gegenübers sehr individuell und unterschiedlich wahr. Und darum liegt die Beurteilung, ob jemand Charisma hat, im Auge des Betrachters. Charisma muss einem Menschen immer auch erst einmal von anderen zugeschrieben werden.

Ihre persönliche Charisma-Definition

Wie eigentlich würden Sie „Charisma" definieren? Um zu Ihrer ganz persönlichen Definition zu gelangen, ist es sinnvoll, das eine oder andere Nachschlagewerk zu konsultieren. Dabei werden Sie immer wieder dem Begriff der „besonderen Ausstrahlung" begegnen: Diese ziemlich allgemeine Bedeutung findet sich allerdings erst seit dem 20. Jahrhundert. „Besondere" – das ist Ihnen vielleicht ein zu weites Feld. Aber Sie wissen ja, dass Sie einmalig sind und niemand außer Ihnen diese Ihre Ausstrahlung haben kann. Wenn das nicht „besonders" ist.

Ausführlicher als die schlichte „besondere Ausstrahlung" wird die „besondere Ausstrahlungskraft eines Menschen" beschrieben. „Außerhalb des Alltags stehende Qualität eines Menschen, die ihn in seiner Gruppe als gottgesandt, gottbegnadet erscheinen lässt (Zauberer, Propheten, Kriegshelden)" – so lautet eine der Definitionen.

Auch klären Nachschlagewerke darüber auf, dass Charisma heute oft als ein Charakterzug beschrieben wird, insbesondere trifft dies auf charismatische (Führungs-)Persönlichkeiten zu. Dies deckt sich mit dem üblichen Sprachgebrauch: Wenn wir charismatische Persönlichkeiten nennen sollen, denken wir an so unterschiedliche Menschen wie Alexander den Großen, Julius Caesar und Mahatma Gandhi, an Kofi Annan, Willy Brandt, John F. Kennedy und Nelson Mandela, an Maria Callas, Ingrid Bergman und Evita Peron – oder an Barack Obama. Uns fallen aber auch Namen ein, mit denen negative Entwicklungen in Geschichte, Sport, Politik und Business verbunden sind.

Das Fremdwort „Charisma" ist schon seit dem 18. Jahrhundert belegt. Es stammt vom griechischen Wort *chárisma*, Gnadengabe. Das Verb *charizesthai* wiederum bedeutet: gefällig sein, gerne geben. Im Deutschen wurde es zunächst nur im religiösen Bereich im Sinn einer von Gott als Geschenk verliehenen außergewöhnlichen Begabung eines Christen in der Gemeinde verwendet.

Soziale
Komponente Also hatte der Begriff „Charisma" früher eine durchaus soziale Bedeutung. Könnte das bedeuten, dass Charisma nichts ist, das eigennützig um seiner selbst willen existiert? Würde dieser Umstand bedeuten, dass Charisma das Umfeld der ausstrahlenden Person mit einbezieht?

Diese Fragen sollen hier nicht endgültig geklärt werden – was aber geklärt werden soll, ist Ihre ganz persönliche und individuelle Definition des Begriffes „Charisma".

Ihre Aktivität ist gefragt: Definieren Sie Charisma!

Bitte beantworten Sie jede der folgenden Fragen, und zwar möglichst schriftlich. Notieren Sie Ihre Ideen in einem Notizbuch. Vielleicht fallen Ihnen erst nach einer Weile zündende und inspirierende Antworten und Bilder ein. Versuchen Sie, nicht nur mit dem Verstand, sondern hauptsächlich mit Ihrer Intuition und vielleicht sogar Ihrer Körpererinnerung Antworten zu finden.

Frage 1: Was ist Charisma für Sie?
- Lassen Sie sich bei dieser Frage Zeit und lassen Sie Ihre Fantasie spielen.
- Schreiben Sie oder zeichnen Sie Ihre Antworten.

Frage 2: Haben Sie ein Bild von einer Person im Kopf, die Sie für ihr Charisma bewundern?
- Versuchen Sie, sich diese Person ganz plastisch vorzustellen, mit möglichst vielen Details.
- Was ist es, das diese Person charismatisch wirken lässt?

Frage 3: Gab es Situationen in Ihrem Leben, in denen Sie sich selbst charismatisch gefühlt haben?
- Beschreiben Sie bitte diese Situationen und den Zustand, in dem Sie sich befanden.

Vielleicht stimmen Sie mit mir darin überein, dass Charisma mit dem Kontakt zu einem Gegenüber zu tun hat. Dabei sollte dieser Kontakt nicht egoistisch motiviert sein. Doch wie sieht dieser Kontakt aus, und wie wird er hergestellt?

Dazu ein Beispiel: Diesen Kontakt erreichen Sie am besten, wenn Sie während einer Rede versuchen, Ihr Publikum oder Auditorium ganz besonders intensiv wahrzunehmen – und

Eine neue Definition für die Praxis

zwar jeden einzelnen Ihrer Zuhörer. Sie empfinden dabei fast schon so etwas wie Empathie – dieses Thema wird im dritten Kapitel unter die Lupe genommen. Oft gelingt es, diese Verbindung über die Atmung aufzubauen, doch auch dazu später mehr.

Worauf ich hinaus will: Das, was Sie nun für Ihr Publikum fühlen, weist in die Richtung einer bestimmten Definition von Charisma, nämlich:

Charisma ist die energetische und emotionale Verbindung mit dem Gegenüber, dem Publikum. Charisma ist, wenn unser gereinigtes und klares INNEN im AUSSEN wahrgenommen werden kann.
Erst die anderen Menschen und die Art und Weise, wie man dem Gegenüber, seinem AUSSEN, begegnet, machen Ausstrahlung zu „Charisma". Charisma ist eine Interaktion, ein Geben und Nehmen.

Mit folgender Übung können Sie ausprobieren, wie Sie sich mit dem AUSSEN verbinden können. Sie eignet sich besonders gut, wenn Sie vorhaben, zu einem bestimmten Anlass möglichst charismatisch und wirkungsvoll aufzutreten.

Im Idealfall sollten Sie sich bereits einige Minuten vor Ihrem großen charismatischen Auftritt (dies kann ein wichtiges Gespräch, eine Präsentation, ein Vortrag oder auch ein privates Treffen sein) am Ort des Geschehens aufhalten. Vielleicht gelingt es Ihnen, diesen Ort, diesen Raum oder diese Bühne kurz für sich allein zu haben. Wenn das nicht möglich ist, ist das nicht so schlimm: Da diese Übung auch Ihre Vorstellungskraft trainiert, können Sie sie ebenso an einem beliebigen Ort durchführen.

Übung macht den Charisma-Meister

Übung: Verbinden Sie sich mit anderen Menschen

Stellen Sie sich so entspannt wie möglich hin. Wenn Sie möchten, können Sie die Augen schließen.
Versuchen Sie nun, sich wohlwollende Menschen um Sie herum vorzustellen. Diese Leute in Ihrer Vorstellung stehen stellvertretend für das AUSSEN der erwarteten Situation. (Wenn Sie die Person(en) bereits kennen, mit denen Sie gleich zu tun haben werden, umso besser. Dann dürfte diese kleine Visualisierung leichtfallen.)
Wer sind die Leute, wie viele sind es? Wie viel Platz nehmen sie ein? Wo befinden sie sich?
Nun lassen Sie Ihre Atmung ganz ruhig werden. Versuchen Sie, mit jedem neuen und entspannten Atemzug Ihr imaginäres Publikum „einzuatmen". Mit jedem Ausatmen dehnen Sie sich jetzt so weit aus, bis Sie sich mit Ihrem imaginären Publikum „verbinden".
Diese ruhige und tiefe Atmung lassen Sie noch ein paar Minuten so weiter fließen, bis Sie eine starke Verbindung mit Ihrem AUSSEN aufgebaut haben und Sicherheit spüren.

2. So bauen Sie Ihr Charisma auf und entwickeln sich zu einer authentischen Persönlichkeit

Nun kennen Sie also die wichtigsten Ideen und Gedanken zum Thema Charisma. Selbstverständlich sind Authentizität und Präsenz von der charismatischen Ausstrahlung nicht zu trennen, sondern sind in diesen ganzen Prozess der Entwicklung mit eingebunden.

Und darum ist es jetzt an der Zeit, all die Möglichkeiten vorzustellen, mit denen Sie Charisma aufbauen und dann „versprühen" können. Entsprechende Arbeitsblätter regen Sie schließlich an, sich Ihre Gedanken zu sich selbst zu machen und Ihr Wunschbild, Ihr Selbstbild und Ihr Fremdbild auf einen einheitlichen Nenner zu bringen. Denn damit beginnt der Aufbau Ihres Charismas.

Charisma ist eine Bewegung

Bei dem Phänomen Charisma handelt es sich um eine *Bewegung:* Sie müssen und können es entwickeln, entfalten, verändern. Wie so oft im Leben gibt es viele Wege, die zum Ziel führen. Sie können Ihr Charisma auf zwei Wegen entdecken und erschließen:

- über die Bewegung von INNEN nach AUSSEN und
- über den gekonnten Einsatz der verschiedenen Charisma-Instrumente.

Bei näherer Betrachtung allerdings unterscheiden sich diese beiden Wege gar nicht so sehr voneinander, ja, sie entpuppen sich letztendlich als ein und derselbe! Denn jedes einzelne Charisma-Instrument arbeitet von INNEN nach AUSSEN.

Von INNEN nach AUSSEN

Charisma manifestiert sich immer durch die Bewegung von INNEN nach AUSSEN.

Charisma: Entwickeln Sie ein tolles Radio-Programm

Nehmen wir einmal an, bei einem Menschen mit charismatischer Ausstrahlung würde alles so funktionieren wie bei einem Radio:

- Das INNEN ist die Radio-Redaktion, dort werden die Ideen und Formate produziert.
- Das wichtigste Charisma-Instrument wäre zum Beispiel die Stimme des Moderators, mit deren Hilfe das Produzierte durch den Äther zum Hörer geschickt wird.
- Das AUSSEN ist der Empfänger, also in unserem Radio-Beispiel der Hörer. Er ist natürlich das eigentliche Ziel der ganzen Bewegung.

Für die eigentliche Ausstrahlung – das Charisma – stehen die Radio-Wellen. Ein dankbarer Vergleich, denn auch Charisma kann man nicht sehen, lediglich die Auswirkungen davon wahrnehmen. Und wie wir beim Radio-Gerät verschiedene Sender einstellen können, können wir die Qualität unserer Ausstrahlung selber einstellen und beeinflussen. Wenn es uns gelingt, zu einer qualitativ hohen Ausstrahlung zu gelangen, dürfen wir sagen, dass es uns gelungen ist, Charisma aufzubauen.

Das Radio-Beispiel zeigt: Sie entwickeln dann ein charismatisches Programm, wenn es dem Radiosprecher mit Hilfe seines Charisma-Instruments „Stimme" gelingt, den Hörern die besten Musikstücke des Jahres anzukündigen. Dann sind die Zuhörer begeistert. Wenn aber die Stimme des Sprechers lebendig klingt, er jedoch Stücke auflegt, die beim Zuhörer nicht ankommen, geht die charismatische Wirkung verloren.
Und umgekehrt: Tolle Stücke, monotone, kaum verstehbare Stimme – auch dann heißt es Abschied nehmen von der charismatischen Wirkung. Der Hörer vernimmt lediglich das unangenehme Knistern des Radio-Geräts.

Zwei Aspekte einer Einheit

Sie sehen, es lohnt sich, den beiden Bereichen – nämlich Ihrer Innenwelt und den Charisma-Instrumenten, mit denen Sie Ihre Innenwelt gleichsam nach außen transportieren – die gleiche Wichtigkeit zuzugestehen. Denn sie bilden eine Einheit. Wenn Sie dies akzeptieren und daran arbeiten, diese Einheit beizubehalten und zu leben, werden Sie eine entsprechende authentische Wirkung in Ihrer Außenwelt erreichen und gleichzeitig den Grundstock für den Aufbau eines wirklich bemerkenswerten Charismas legen.

Um Ihr INNEN, Ihre Botschaft, Ihr Anliegen nach AUSSEN, zum Auditorium, dem Publikum oder schlicht zu Ihrem Gegenüber zu bringen, brauchen Sie Charisma-Instrumente (etwa Körpersprache, Stimme, Sprache).

Wie sieht der Kontakt zwischen Ihrer Innenwelt und den Charisma-Instrumenten und der Außenwelt aus? Beobachten Sie sich einmal selbst, wenn Sie eine bestimmte Empfindung haben. Hat diese Empfindung Auswirkungen auf Ihre Charisma-Instrumente oder sogar auf Ihr AUSSEN?

Übung: Beobachten Sie Ihren Körper

- Setzen Sie sich bitte entspannt hin und erinnern Sie sich an eine sehr schöne und glückliche Begebenheit in Ihrem Leben. Und wieder gilt: je plastischer und bildhafter Sie sich diese erfreuliche Begebenheit vorstellen können, umso besser.
- Vielleicht können sich auch Ihre Sinne an das schöne Erlebnis erinnern: Vielleicht erinnern sich Ihre Ohren an bestimmte Geräusche oder an eine Melodie, Ihre Nase an einen bestimmten Duft und Ihre Haut an die Wärme oder Kälte jenes Tages.
- Diese Erinnerung ist jetzt Ihr INNEN!
- Welche Auswirkungen hat diese Situation der Erinnerung in Ihrer Innenwelt auf Ihre Charisma-Instrumente, Ihren Körper? Beobachten Sie ganz genau. Vielleicht sinkt Ihre Atmung tiefer in den Bauch, vielleicht spüren Sie eine tiefe Entspannung. Vielleicht zaubert sie aber auch ein Lächeln auf Ihr Gesicht und eine wohlige Wärme in Ihren Bauch.
- Beobachten Sie die Reaktionen Ihrer Charisma-Instrumente auf die sich verändernde Innenwelt, die von der Außenwelt wahrgenommen werden können.

> *„Ändert sich der Zustand der Seele, so ändert dies zugleich auch das Aussehen des Körpers und umgekehrt: Ändert sich das Aussehen des Körpers, so ändert dies zugleich auch den Zustand der Seele."*

ARISTOTELES (384–322 V. CHR.), GRIECHISCHER PHILOSOPH, BEGRÜNDER DER ABENDLÄNDISCHEN PHILOSOPHIE

Bewegung von AUSSEN nach INNEN

Aristoteles hat es auf den Punkt gebracht: Diese Bewegung, die Sie vielleicht während der Übung „Beobachten Sie Ihren Körper" in und an sich selbst nachvollziehen konnten, lässt sich selbstverständlich auch in die umgekehrte Richtung lenken. Das heißt: Es ist durchaus möglich, eine schöne Empfindung in das INNEN zu transportieren. Sie setzen also beim AUSSEN an und wirken dann nach INNEN.

Blick in den Spiegel

Stellen Sie sich dazu doch einmal in einer eher schlechteren Stimmung vor einen Spiegel und lächeln Sie sich eine Weile zu. Ihr Lächeln im Spiegel ist jetzt Ihr Charisma-Instrument. Es lächelt Ihnen quasi eine andere Person zu, eine Person, die sich in der Außenwelt befindet. Erkennen Sie die Bewegung und spüren Sie die Wirkung, die diese leise Bewegung auf Ihr INNEN ausübt?

Eine ähnliche Bewegung – die gleichfalls von AUSSEN nach INNEN wirkt – konnten Sie ja bereits auf Ihrem „Spaziergang allein im Wald" beobachten. Verschnaufen Sie ruhig einmal, tanken Sie auf, lassen Sie sich inspirieren. Immer werden Impulse der Außenwelt nach INNEN wirken.

Zwei Bewegungen – ein Ziel

Diese Bewegungen – von INNEN nach AUSSEN und von AUSSEN nach INNEN – sind immer gänzlich entgegengesetzt, mögen Sie jetzt denken. Sind sie auch, aber auch diese beiden doch so verschiedenen Richtungen der Bewegung in und um uns können sich gegenseitig befruchten, ergänzen, eine Einheit bilden.

Klären Sie, was Sie ausstrahlen möchten

Wie können Sie das INNEN am effektivsten und wirkungsvollsten nach AUSSEN transportieren? Dazu erinnern Sie sich bitte an die Definitionen, die Sie kennen gelernt haben, und an Ihre persönliche Charisma-Definition, die Sie sich erarbeitet haben. Sie benötigen diese Definition, um Ihr Charisma aufzubauen.

Der nächste Schritt besteht darin, sich selbst klar zu werden, **Was möchten Sie** was Sie denn gerne ausstrahlen möchten. Natürlich, jeder hat **ausstrahlen?** gewisse Grundvoraussetzungen, Charakterzüge, bestimmte körperliche Eigenschaften, innere Muster. Und manchmal ist es schwierig, sich zu verändern. Manche Eigenheiten lassen sich scheinbar gar nicht ändern. All dies müssen Sie jetzt bedenken. Sie werden feststellen, dass allein die Beschäftigung damit, *WIE* Sie gerne ankommen und *WAS* Sie aussenden möchten, Ihre Ausstrahlung verändern wird.

Also gilt es in dieser ersten Phase des Aufbaus Ihres Charismas, für sich selbst zu definieren, wie Ihre persönliche Wunschausstrahlung aussehen soll.

Ihre Aktivität ist gefragt:
Bestimmen Sie Ihre Wunschausstrahlung

Bitte definieren Sie sorgfältig und aufmerksam für sich, welche Wirkung Sie auf andere Menschen ausüben möchten. Wieder können Sie wählen, ob Sie diese Definition schriftlich festhalten oder ob Sie sie besser in einem Bild darstellen möchten. Ich wünsche Ihnen die richtigen Worte und eine Portion Inspiration dabei.

Die Erfahrung hat immer wieder gezeigt, dass es die spätere Arbeit unglaublich viel einfacher und effektiver macht, wenn man von Anfang an einen bewussten und klaren Blick auf sein Vorhaben richtet, es also konkret definiert. Nehmen Sie sich also dieses Arbeitsblatt immer wieder hervor, um es mit neuen Gedanken zu erweitern – denn auch Wünsche können sich selbstverständlich verändern!

Wie Sie mit Ihrem Selbstbild und Ihrem Fremdbild konstruktiv umgehen

Sie haben bereits beschrieben:
- was Charisma für Sie persönlich ist und
- wie Sie sich Ihre Wunschausstrahlung vorstellen.

Realistisches Selbstbild Im nächsten Schritt geht es darum, dass Sie zu einem realistischen Selbstbild gelangen, indem Sie einen Abgleich zwischen Ihrem Selbstbild und Ihrem Fremdbild machen.

Damit gelangen Sie zu einem spannenden Punkt in dem Projekt „Charismatisch ausstrahlen" – nämlich zu den Fragen: Wer sind Sie? Was macht Sie aus? Was ist Ihre Geschichte? Diese Fragen kann niemand außer Ihnen selbst beantworten. Nehmen Sie sich also genügend Zeit für diese Selbstreflektion.

Selbstreflektion hilft weiter Wer nun befürchtet, er müsse sich im Folgenden auf die psychoanalytische Couch legen, der sei beruhigt: Bringen Sie auf dem nächsten Arbeitsblatt einfach für sich zu Papier, wer Sie sind. Sie können mit einem Steckbrief von sich beginnen oder auch ein wenig kreativ sein: Vielleicht passen ein Gedicht, ein Zitat oder sogar ein Bild, um Sie am treffendsten zu beschreiben. Werden Sie sich bewusst, wer Sie sind.

Selbstbewusstsein bedeutet, sich seiner selbst bewusst zu sein. Werden Sie sich also klar darüber, wer Sie sind. Erst wenn Sie selbstbewusst sind, können Sie auch Selbstvertrauen aufbauen.

Ihre Aktivität ist gefragt: Beschreiben Sie sich selbst – Ihr Selbstbild

Versuchen Sie bitte, sich selbst zu beschreiben, indem Sie sich mit den folgenden Fragen intensiv beschäftigen:

- Worauf sind Sie in Ihrem Leben stolz?
- Wen oder was lieben Sie besonders?
- Welche waren die bedrückendsten Erfahrungen, Probleme und Herausforderungen in Ihrem Leben?
- Was ist Glück für Sie?
- Was sind Ihre Stärken und Schwächen?
- Welche beiden Adjektive beschreiben Sie am treffendsten?

Um einen Vergleich mit dem Fremdbild vollziehen zu können, benötigen Sie überdies eine Beschreibung und Beurteilung Ihrer Charisma-Instrumente:

- Äußere Erscheinung/Stil
- Körpersprache/Gestik und Mimik
- Stimme und Sprechweise
- Gesamteindruck

Arbeiten Sie jetzt ganz konkret die Darstellung Ihres Selbstbildes aus – berücksichtigen Sie dabei die Beurteilung Ihrer Charisma-Instrumente.

Ihre Aktivität ist gefragt: Lassen Sie sich beschreiben – Ihr Fremdbild

Bestimmt haben Sie schon Feedback von AUSSEN bekommen. Vielleicht hat Ihnen schon einmal jemand gesagt, dass Sie sehr zuvorkommend oder zuverlässig sind. Vielleicht mussten Sie aber auch Kritik einstecken. Dieses Arbeitsblatt hilft Ihnen, behutsam diejenigen Eigenschaften zusammenzutragen, die Sie laut anderer Menschen nach AUSSEN wirken lassen. Gerne können Sie auch Freunde oder die Familie bitten, sich kurz Zeit zu nehmen, um weitere Eindrücke zu bekommen, wie Sie das AUSSEN wahrnimmt.

Wichtig: Fragen Sie nicht irgendjemanden. Die Person sollte in der Lage und willens sein, ein möglichst objektives Bild von Ihnen zu malen. Es ist mithin unklug, sich Feedback von jemandem zu holen, der Sie nicht mag oder neidisch auf Sie ist. Aber auch der „allerbeste" Freund oder die „allerbeste" Freundin ist vielleicht nicht geeignet, ein objektives Bild zu zeichnen.

Nachdem Sie das Feedback von möglichst vielen Personen eingeholt haben, sollten Sie in der Lage sein, Ihr Fremdbild zu beschreiben. Achten Sie wiederum auf die folgenden Aspekte:
- Äußere Erscheinung/Stil
- Körpersprache/Gestik und Mimik
- Stimme und Sprechweise
- Gesamteindruck

Um ein realistisches und objektives Selbstbild zu erhalten, müssen Sie jetzt erst einmal klären: Wo liegen die größten Unterschiede zwischen Ihrem Selbstbild und Ihrem Fremdbild? Ist da etwas in Ihrem Fremdbild, das Sie so gar nicht an sich selbst sehen? Gibt es einen blinden Fleck, also etwas, das Ihnen unbekannt ist, aber (allen) anderen bekannt?

Der blinde Fleck

Wenn Sie einen blinden Fleck erkennen, gehen Sie so vor:
- Schauen Sie sich diesen Punkt genau und kritisch an. Wenn es etwas Positives ist, umso besser, dann sollten Sie Luftsprünge veranstalten. Ihr Selbstvertrauen wird sich heben.
- Ist es etwas Schwieriges, etwas Problematisches, etwas, das es zu verbessern gilt – auch gut. Denn dann liegt es nicht mehr im Dunkeln, sondern kann angegangen werden. Prüfen Sie auf alle Fälle zuerst für sich, wie wichtig Ihnen Veränderungen in diesem kritischen Bereich sind. Ihr Ziel besteht ja darin, sich weiterzuentwickeln, um noch optimaler auszustrahlen. Auf keinen Fall soll eine einzige Meinung dazu führen, dass Sie Ihren Stil verändern oder eine lieb gewonnene und hilfreiche Eigenart ablegen und Sie sich verbiegen.

Wenn es keinen blinden Fleck gibt, können Sie sich gratulieren. Ganz offensichtlich haben Sie sich bereits realistisch eingeschätzt und eine gute und bewusste Sicht auf Ihre Ausstrahlungskraft und Wirkungsweise.

Wenn Sie tatsächlich Kritisches zu hören bekommen haben, beachten Sie bitte nur die *veränderbaren Faktoren.* Kommentare, die Ihre Nase betreffen oder Ihre Schuhgröße, sind vielleicht nur verletzend und zudem für unsere Charisma-Arbeit irrelevant. Denn auf diese Faktoren haben Sie ohnehin keinen Einfluss.

Ihr Umgang mit Kritik

Wenn aber auch wohlwollende und sensibel formulierte Kritikpunkte der veränderbaren Faktoren verletzend für Sie sind, sollten Sie sich eine Strategie zulegen, damit Sie Kritik nicht mehr so nahe an sich herankommen lassen.

Veränderbare Faktoren im Fokus Entscheidend aber sind natürlich die veränderbaren Faktoren ihrer Wirkungsweise, zum Beispiel:

■ optische Faktoren: Haltung, Körpersprache, Kleidung, Stil
■ akustische Faktoren: Stimmlage (hier sind Veränderungen allerdings nur begrenzt möglich), Sprechweise, Deutlichkeit, Atemtechnik, Lautstärke, Gestaltung der Sprechweise

Bedenken Sie: Für Veränderungen bezüglich einiger dieser veränderbaren Faktoren brauchen Sie viel Geduld, Durchhaltevermögen und manchmal auch die Unterstützung von einem Profi (Arzt, Physiotherapeut, Stilberater, Logopäde).

Selbstbild und Wunschbild Sie haben sich nun ein realistisches Selbstbild erarbeitet, das sich vielleicht von Ihrem früheren Selbstbild unterscheidet. Lassen Sie es erst einmal sacken, verdauen Sie die neuen Erkenntnisse. Dann erst schauen Sie sich Ihr Wunschbild noch einmal an, die Definition Ihrer Wunschausstrahlung – und fragen sich:

■ Ist Ihr Wunschbild weit von diesem (neuen) Selbstbild entfernt?
■ Ist es „besser" oder angenehmer? Ist es überhaupt besser – oder doch gleichwertig? Was kann Sie davon abhalten, sich Ihrem Wunschbild anzunähern?

Notwendige Veränderungen Überprüfen Sie für sich, welche Veränderungen notwendig sind, damit Sie voll und ganz mit sich selbst zufrieden sein können. Vielleicht müssen Sie in Ihrem INNEN, in Ihrer Innenwelt, noch etwas aufräumen, dort noch mehr Klarheit schaffen. Vielleicht würde es ja schon reichen, andere Glaubenssätze zu finden. Am einfachsten sind diejenigen Veränderungen herbeizuführen, die Ihre Charisma-Instrumente betreffen. Hier liegt sehr viel Potenzial brach, wie Sie Ihr INNEN am effektivsten und aussagekräftigsten nach AUSSEN strahlen lassen können.

Sie haben jetzt schon einen großen Schritt in Richtung „mehr Aufmerksamkeit" und „mehr Bewusstsein für Ihr Charisma" getan. Sie haben den Blick aufmerksam auf sich selbst, nach INNEN, sowie nach AUSSEN gerichtet. Kompliment, das ist nicht immer einfach. Nun gilt es zu verstehen, dass all diese Dinge, die Sie ausstrahlen möchten, und auch die Art und Weise, wie Sie bereits ausstrahlen, eine Tendenz haben, eine Richtung einschlagen, die Sie aber jederzeit verändern können, wenn Sie es wollen.

Der erste Schritt ist getan

Wir Menschen sind immer Veränderungen ausgesetzt und führen durch tausend (auch unbewusste) Entscheidungen tagtäglich Veränderung herbei. Auch Ausstrahlung ist ein Ausdruck des Lebendig-Seins, also gleichfalls ein Zeichen von Veränderung. Und darum geht es jetzt.

Mit Charisma-Instrumenten Ausstrahlung transportieren

Den Grundstein für Ihre künftige Ausstrahlung haben Sie gelegt. Das Haupt-Transportmittel, das Ihr INNEN nach AUSSEN bringt, sind selbstverständlich die Charisma-Instrumente.

Die Atmung ist einerseits existentieller Teil praktisch aller Charisma-Instrumente, hält aber auch als „Fuge" das INNEN und das AUSSEN zusammen. Denn Ihr Atem liegt in der Luft, ist überall, sobald er Ihren Körper verlässt. Und damit ist er genau da, wo die charismatische Ausstrahlung hin soll. Daher ist die Atmung ein wichtiger Wegweiser im Unternehmen „Charisma".

Atmung als „Fuge"

Mutter Natur hat Sie reichlich mit Charisma-Instrumenten ausgestattet. Einige Menschen haben vielleicht etwas feinere oder leistungsfähigere Instrumente erhalten. Andere hatten nicht so viel Glück. Aber wie auch Teile des menschlichen Gehirns dazu fähig sind, Funktionen aus geschädigten Bereichen der Schaltzentrale des Körpers zu übernehmen und sie so zu kompensieren, kann es auch durch einzelne Charisma-Instrumente wettgemacht werden, wenn ein anderes Werkzeug beeinträchtigt ist oder sogar – aus welchen Gründen auch immer – ausfällt. Ihnen steht also ein ganzes Orchester an Möglichkeiten zur Verfügung, um zu einer starken und intensiven Ausstrahlung zu gelangen. Diese Instrumente müssen Sie nun auf Hochglanz polieren.

Nutzen Sie Ihre Ausstrahlungsverstärker

Ihre Charisma-Instrumente sind das Transportmittel, das rational leicht erklärbar ist und somit den (er)fassbarsten Teil im Aufbau von Charisma darstellt. Sie senden von INNEN nach AUSSEN. Die Charisma-Instrumente bestehen aus vielen Fragmenten oder Teilbereichen, und manche dieser Bereiche lassen sich einfacher bearbeiten als andere.

Charisma-Instrumente vervollkommnen

Durch die regelmäßige Arbeit an und mit Ihren Charisma-Instrumenten ist es möglich, sie zu vervollkommnen und erfolgreich einzusetzen. So erhöhen Sie die „Transportfähigkeit" Ihrer Werkzeuge, was dazu führt, dass Ihre Glühbirne immer leuchtender strahlt. Spielen Sie also mit Ihren Charisma-Instrumenten, und Sie werden Möglichkeiten entdecken, die Sie überraschen. Diese neuen Erfahrungen werden Ihnen Vertrauen in Ihre Strahlekraft geben.

Versuchen Sie zu *erleben,* wie Ihre Charisma-Instrumente funktionieren. Begreifen Sie sie. Der Körper kann einmal erlebte Möglichkeiten abspeichern und bei Bedarf reproduzieren.

Erinnern Sie sich an Ihre Möglichkeiten

Als Kind haben Sie vielleicht gerne den Handstand gemacht. Vielleicht können Sie ihn immer noch, umso besser. Wenn Sie sich den Handstand aber seit Jahren nicht mehr zugetraut haben, obwohl Sie ihn einst beherrscht haben, dann können Sie sich eventuell an das Gefühl erinnern, wie es ist, den heiklen Punkt zu erreichen, wenn sich der Schwerpunkt des Körpers verlagert.

Wenn sich Ihr Körper an dieses Erlebnis der Balance erinnert, wird es Ihnen mit entsprechendem Training immer wieder möglich sein, in den Handstand zu gehen. Und um genau diese Erfahrungen und Erinnerungen des Körpers geht es, wenn Sie mit Hilfe Ihrer Charisma-Instrumente neue Wege erkunden wollen.

„Erfahrung ist der Anfang aller Kunst und jedes Wissens."

ARISTOTELES (384–322 V. CHR.), GRIECHISCHER PHILOSOPH, BEGRÜNDER DER ABENDLÄNDISCHEN PHILOSOPHIE

Ausstrahlungs-verstärker Ich lade Sie nun ein, sich an eine Situation in Ihrem Leben zu erinnern, in der Sie verliebt waren. Damit meine ich wirklich die Situation des reinen Verliebt-Seins, schwierige oder unglückliche spätere Entwicklungen interessieren hier nicht. Da fällt Ihnen bestimmt etwas ein. Vielleicht erinnern Sie sich in diesem Zusammenhang an ein Musikstück, einen Duft oder eine Jahreszeit. Versuchen Sie, sich ganz intensiv in diese Erinnerung hineinzuversetzen. Im optimalsten Fall kann sich auch Ihr Körper erinnern.

Liebe als Verstärker Wer verliebt ist, kennt das pure Glück. Glück – das natürlich nicht nur an die Situation des Verliebt-Seins gebunden ist – macht aus einer normalen Ausstrahlung eine Ausstrahlung, die riesig und unübersehbar ist und mit ihrer positiven Kraft sehr ansteckend auf das AUSSEN wirkt. Aber auch Begeisterung wirkt ansteckend und vergrößert Ihre Ausstrahlung.

„Infizieren" Sie also Ihre Außenwelt mit Glück und Begeisterung, stecken Sie sie damit an! Das ist Charisma in seiner schönsten Form und verstärkt Ihre Ausstrahlung, die Sie auf Ihre Außenwelt abstrahlen.

Glück ist für die Charisma-Arbeit mehr als eine Empfindung. Glücksgefühle sind das Beste, das es für Ihr INNEN gibt. Sie vergrößern zudem Ihre Ausstrahlung massiv, da sie fantastische energetische Verbindungen nach AUSSEN garantieren.

Ihre Ausstrahlung ist flexibel

An nur einem einzigen Tag durchlaufen Sie viele verschiedene Situationen – ob nun privater oder geschäftlicher Natur –, die für Sie, ganz wie es Ihrem persönlichen Naturell entspricht, auch verschiedene emotionale Stimmungen mit sich bringen. Sie haben die Fähigkeit, sich auf diese Situationen einzustellen, in der Regel nutzen Sie sie durchaus bewusst.

Was sich aber unbewusst ebenfalls der jeweiligen Situation anpasst, ist Ihre Ausstrahlung, Ihr Charisma. Sie haben ja schon an früherer Stelle gelesen, dass es sowieso die verschiedensten Typen von Ausstrahlung gibt (zwei sehr unterschiedliche wurden benannt). Doch auch diese Grundausstrahlung passt sich selbstverständlich den gegebenen Umständen an.

Anpassung und Flexibilität

Sie haben eine ganz eigene individuelle Grundausstrahlung. Ihre Grundausstrahlung ist nichts Starres, Statisches. Sie verändert sich mit Ihren Stimmungen und Emotionen. Ihre Ausstrahlung passt sich den Situationen an, wie auch Sie selbst. Die Qualität Ihrer Grundausstrahlung schimmert allerdings immer als Ihre individuelle Note durch und macht Sie in allen noch so unterschiedlichen Situationen einzigartig.

Wie sich Ihre Ausstrahlung situationsbedingt ändern kann

Das Beispiel *„Kondolieren"*

Auch wenn Sie in Ihrer neutralen Grundhaltung eine sehr große, vielleicht sogar dominante Ausstrahlung haben, werden Sie sich wahrscheinlich eher zurücknehmen, wenn Sie jemandem kondolieren. Je nachdem, wie empathisch Sie sind, werden Sie Ihre Ausstrahlung nicht lediglich diskret und höflich zurückschrauben, sondern versuchen, Mitgefühl auszusenden. Sie werden feststellen, dass dies in der Regel gut ankommt.

Das Beispiel *„Flirten"*

Eine weitere besondere Situation ist die private Kontaktaufnahme mit fremden Menschen. Wenn Sie flirten möchten, ist Ihnen natürlich eine von Haus aus größere Grundausstrahlung eine bessere Stütze als eine eher schüchterne und kleinere. Sie werden versuchen, Interesse auszusenden. Je nach Objekt des Interesses wird es Ihnen mehr oder weniger gelingen, sich auf die Person einzustellen. Allein schon diese Aktion wird Ihren Raum und auch Ihre Ausstrahlung vergrößern. Diese brauchen Sie dann nur noch mit Interesse zu füllen.

Das Beispiel *„Bedrohung"*

Ganz anders wird sich Ihre Ausstrahlung unbewusst einer Situation anpassen, in der Sie sich bedroht fühlen. Ganz abhängig davon, wie Sie sich entscheiden, auf die Bedrohung zu reagieren, wird Sie Ihre Ausstrahlung dabei unterstützen:

- Wenn Sie sich der Situation entziehen und die Flucht ergreifen möchten, wird Ihre Ausstrahlung mit Sicherheit ganz unscheinbar klein werden. Sie wird Ihnen helfen, fast unsichtbar zu werden. Sie würden dann die Botschaft aussenden: *Ich bin nicht da.*
- Vielleicht entscheiden Sie sich aber auch für die Verteidigung, vielleicht sogar für den Kampf. Dann werden Sie versuchen, Ihre Ausstrahlung überdimensional groß werden zu lassen. Ihre Botschaft lautet in diesem Fall: *Ich bin größer und stärker als du.*

Diese automatische Anpassung Ihrer Ausstrahlung auf bestimmte Situationen ist ein unbewusster Vorgang. Sie können
aber lernen, eine gewisse Kontrolle über Ihre Ausstrahlung zu
behalten, und bewusst selbst entscheiden, *WAS* Sie *WANN*
aussenden. Darum:

**Definieren Sie immer klar, WAS Sie ausstrahlen möchten.
Das ist ein wichtiger Aspekt beim Aufbau Ihres Charis-
mas.**

3. Die Welt bewusster und empathisch wahrnehmen

Die Dinge des Lebens im Detail wahrnehmen, sie respektvoll beobachten, um daraus Schlüsse für das eigene Leben zu ziehen – kein leichtes Unterfangen.

Dieses Kapitel zeigt Ihnen Wege auf, wie Sie die Außenwelt in Ihre Innenwelt holen, das AUSSEN gleichsam absorbieren, um es zu begreifen, zu verstehen und für Ihr INNEN nutzbringend einzusetzen. Ein wichtiges Thema dabei: Ihre Fähigkeit zur Empathie, die Sie nutzen können, um sich Ihres Gegenübers mehr und mehr bewusst zu werden. Des Weiteren geht es um Ihr neues Bewusstsein für Räume, das Sie dabei unterstützt, Ihre Präsenz zu vergrößern.

Das AUSSEN nach INNEN bringen

Das AUSSEN ist der eigentliche Ort, zu dem Sie Ihre Ausstrahlung hinschicken. Dort befinden sich die Menschen, auf die Sie charismatisch wirken wollen. Dann stellt sich natürlich die Frage, was Ihnen die umgekehrte Bewegung von *AUSSEN* nach *INNEN* bringen soll.

Erinnern Sie sich bitte an die Wortherleitung von Charisma, besonders an die außergewöhnliche Begabung eines Christen in der Gemeinde: Das Verb *charizesthai* bedeutet „gefällig sein, gerne geben". Im religiösen Bereich meint es eine von Gott als Geschenk verliehene außergewöhnliche Begabung eines Christen in der Gemeinde. Und natürlich kann man auch einfach sein Charisma ausstrahlen, ohne sich Gedanken darüber zu machen, wen man da gerade mit seiner Ausstrahlung erreichen könnte. Aber es ist ein Grundzug der charismatischen Ausstrahlung, dass der Mensch wissen will, wer ihm gegenüber steht, was diesen Menschen bewegt, wie es um seine Anliegen und Stimmungen bestellt ist. Anders ausgedrückt: Das Interesse für Menschen ist einer der Aspekte, durch den Ausstrahlung zu Charisma wird.

> Der zwischenmenschliche Aspekt des Charismas

Schauen Sie sich die Welt also einmal wirklich an. Und zwar nicht nur flüchtig, wie es im Alltag leider allzu häufig geschieht. Dabei hilft Ihnen wieder einmal der entspannte Zustand, den Sie während Ihres „Spaziergangs im Wald" kennen gelernt haben. So nehmen Sie die Dinge besser, genauer und mit allen wichtigen und scheinbar unwichtigen Details wahr. Sie entdecken im Entspannungszustand die Außenwelt neu.

> Machen Sie die Augen auf

Machen Sie die Augen auf. Schauen Sie die Dinge (zum Beispiel die Bäume während des Waldspaziergangs) genau an. Starren Sie sie nicht an, während Sie schon an etwas ganz anderes denken oder noch den Problemen aus dem Büro nachhängen. Schauen Sie aber auch nicht nur flüchtig hin, selbst wenn Sie glauben, alles schon gesehen zu haben, und sich bereits einem anderen Objekt auf Ihrem Spaziergang zuwenden wollen. Nein, betrachten Sie die Dinge genau und geduldig.

Ein positives und wohlwollendes INNEN voller Respekt für alles, was Sie betrachten, wird Ihren Blick fürs Detail schärfen.

Beziehen Sie auch Ihre anderen Sinne mit ein: Atmen Sie die Waldluft – oder auch die Stadt- oder Bergluft – tief ein und vervollkommnen Sie mit dem entsprechenden Duft das Bild, das Sie sehen. Selbstverständlich können Sie auch Ihr Gehör „mitschauen" lassen, indem Sie allen Geräuschen, sei es der Wind, der Ruf des Vogels oder eine menschliche Stimme, Ihre respektvolle Aufmerksamkeit schenken. Vielleicht hören Sie ja mehr oder anderes als sonst ...

Das AUSSEN bewusster wahrnehmen

Auch mit Ihrem Tastsinn können Sie das AUSSEN bewusster wahrnehmen. Heben Sie ruhig einmal den Stein auf, den Sie gerade sehen, erspüren Sie seine Struktur, seine Temperatur. Wenn Sie zum Beispiel einen Baum betrachten, versuchen Sie einmal seine Umrisse zu sehen. Das ist am Anfang gar nicht so leicht und erfordert etwas Übung. *Das Umrisse-Sehen* gewährleistet Ihnen einen entspannten Blick – und nicht zuletzt eine neue Perspektive auf die Dinge.

Ohne Außenwahrnehmung keine Empathie

Diese Fähigkeit, das AUSSEN richtig und gebührend wahrzunehmen, ist eine Vorstufe und Voraussetzung dafür, diejenige Empathie zu entwickeln, die Sie für Ihre charismatische Ausstrahlung benötigen. Außerdem wird Ihr INNEN so geradezu aufgeladen. Dies gelingt gleichfalls, wenn Sie zum Beispiel durch den Wald joggen, auch dies wird Sie bereichern. Aber die respektvolle und gründliche Wahrnehmung wird sich vor allem in der Ruhe entfalten können.

Nur wer das AUSSEN wirklich wahrnimmt, es in seiner Einzigartigkeit akzeptiert und ihm respektvoll begegnet, kann eine charismatische Ausstrahlung entwickeln.

Diese neue Betrachtungsweise des AUSSEN im entspannten Zustand hat eine weitere positive Konsequenz: Sie wird Sie näher zu sich selbst und Ihren Möglichkeiten bringen. Da lohnt es sich doch wirklich, noch einmal genauer hinzuschauen!

Bewusstsein für Räume entwickeln

Dass es Räume mit ganz eigener Faszination gibt, wissen wir aus den unterschiedlichsten Bereichen unseres Lebens. Denken Sie zum Beispiel an die Architektur: Raum ist nicht gleich Raum. Auch das Theater wäre ohne das Bewusstsein für Räume nicht vorstellbar – vielleicht lesen Sie dazu einmal das Buch „Der leere Raum" des international bekannten Theaterschaffenden Peter Brook.

Aber nicht nur in der Kunst sind Räume wichtig. Für das Unterfangen, Präsenz zu vermitteln, und um Charisma aufzubauen, ist ein Gefühl für Räume und für die persönlichen Räume der anderen Menschen enorm wichtig. Es ist kaum vorstellbar, eine große Präsenz ohne ein Gefühl für den Raum zu entwickeln.

Um einen Raum mit Charisma füllen zu können, sollten Sie sich diesen Raum zunächst einmal genau anschauen:

Charisma und Raum

- Wie groß ist der Raum, wie viele Personen hätten darin ungefähr Platz?
- Gibt es Besonderheiten an und in diesem Raum – etwa Schrägen, Winkel, Stufen?
- Ist der Raum möbliert? Wie ist er möbliert? Gefällt Ihnen die Einrichtung?

- Wie ist die Akustik des Raumes?
- Wie ist der Raum be- und ausgeleuchtet – eher hell oder eher dunkel?
- Wie ist die Temperatur im Raum – warm oder kalt?
- Fühlen Sie sich in diesem Raum wohl?
- Welche Atmosphäre hat der Raum?

Übung: Den Raum wahrnehmen

Versuchen Sie einmal, einen Raum anders wahrzunehmen, als Sie es vielleicht bis jetzt getan haben: mit allen Sinnen und ausführlich. Dabei ist es nicht wichtig, welchen Raum Sie sich dafür aussuchen. Es kann ein größerer Raum in Ihrer Wohnung sein oder ein Besprechungszimmer in Ihrem Büro. Wichtig ist, dass Sie den Raum für ein paar Minuten ganz für sich allein haben:

- Gehen Sie in den Raum hinein und stellen Sie sich ungefähr in seine Mitte. Versuchen Sie, das Volumen des Raumes abzuschätzen, schauen Sie, wo die Wände den Raum begrenzen. Schauen Sie sich alle Details des Raumes an (hier ist nicht unbedingt die Einrichtung am wichtigsten, sondern der Raum als solcher, als wäre er leer).
- Schnuppern Sie die Luft in dem Raum: Riecht es angenehm oder ist die Luft abgestanden?
- Gehen Sie nun durch den Raum, versuchen Sie, sich bis zur Decke zu strecken. Gehen Sie dann auch an den Wänden entlang und fassen Sie diese an. Haben sie eine raue oder eher feine Oberfläche?
- Sie können auch Ihre Stimme in den Raum schicken: Sprechen Sie ein paar Sätze, summen oder singen Sie etwas. Wie ist die Akustik? Hat der Raum einen Hall oder ist die Akustik eher trocken?
- Nachdem Sie nun den Raum mit allen Sinnen ausgekundschaftet und kennen gelernt haben, suchen Sie sich eine Stelle am Boden, die Ihnen geeignet erscheint, und setzen sich dort hin (ist ein Stuhl vorhanden, können Sie selbstverständlich auch den Stuhl dem Boden vorziehen).

▓ Kommen Sie jetzt zur Ruhe. Sitzen Sie ein paar Minuten ganz still, schließen die Augen und lassen Sie den Raum auf sich wirken. Nehmen Sie neben Geräuschen auch die Atmosphäre des Raumes wahr: Hat der Raum für Sie eine bestimmte Energie?

▓ Lassen Sie den Raum für sich sprechen und nehmen Sie alles wahr, was Ihnen der Raum vermittelt.

Der persönliche Raum

Nehmen wir einmal an, jeder Mensch verfügte in seinem Leben über einen eigenen Raum, den er, je nach Begebenheit, auf unterschiedliche Art und Weise nutzt und zum Leben braucht. Jeder Mensch hat ein anderes Bedürfnis nach Privatsphäre, manch einer braucht weniger davon, andere wiederum sehr viel. Dementsprechend ist das Bedürfnis nach Raum sehr unterschiedlich ausgeprägt.

Der persönliche Raum ist wohl der wichtigste Raum, den wir kennen. Ein gewisses Bewusstsein für den eigenen persönlichen Raum und die Räume der Mitmenschen ist Voraussetzung für den Aufbau von Charisma.

Nur gefüllter Raum wird wahrgenommen

Bestimmt kennen Sie solche Situationen aus dem Alltag: Sie stehen an der Kasse und die Person hinter Ihnen drängelt sich in Ihren „Intimraum", Ihren persönlichen Raum. Das ist meistens sehr unangenehm. Die Person hinter Ihnen hat offenbar kein Gefühl dafür, wo Ihr persönlicher Raum beginnt und wo ihr eigener aufhört. Oder es ist ihr einfach egal – dieser Mensch hat leider keine Manieren. Aber Vorsicht: Nicht immer sind solche Grenzübertretungen böse gemeint. In anderen Kulturkreisen haben Intimräume andere Ausmaße: Manchmal sind sie größer, manchmal kleiner als in der eigenen Kultur.

Jeder Mensch hat persönlichen Raum

Vielleicht ist aber auch Ihre Ausstrahlung und somit Ihr Raum (den Sie in Alltagssituationen mit Ausstrahlung füllen) bereits ziemlich groß. In diesem Fall hätte wahrscheinlich die Person hinter Ihnen in der Warteschlange automatisch etwas Abstand gehalten. Aber vergessen wir nicht, wie vielen Menschen die Sensoren fehlen, um diesen Abstand einschätzen und wahren zu können.

Raum einnehmen

Aber was tun, wenn Sie sich eher klein und durch den Drängler belästigt fühlen? Natürlich gibt es die Möglichkeit, den Raum physisch zu erweitern, etwa indem Sie Ihre Tasche scheinbar unabsichtlich nach hinten schwingen. Sie können aber subtilere Möglichkeiten nutzen, sich Raum zu verschaffen: Versuchen Sie, Ihren persönlichen Raum in Ihrer Vorstellung zu vergrößern. Am einfachsten gelingt dies, wenn Sie sich Ihren momentanen Raum bewusst machen – der dürfte in der Warteschlange ziemlich klein ausfallen. Nehmen Sie Ihren Raum genau wahr, nehmen Sie ihn richtig ein.

Ein Gefühl für den persönlichen Raum entwickeln – das ist für den Aufbau von Charisma unbedingt notwendig. Nehmen Sie sich Zeit, Ihren Raum zu entdecken, ihn kennen zu lernen und sich zu Eigen zu machen.

Die folgenden Übungen helfen Ihnen vor allem, Ihren Raum gezielt zu vergrößern, ja, ihn geradezu aufzupumpen. Bedenken Sie bei allen Übungen: Vorstellungsübungen gewinnen an Effektivität, je öfter man sie macht. Selbstverständlich will jeder neu gewonnene Raum mit Ausstrahlung gefüllt werden. Nur dann kann er von den anderen wahrgenommen (und sei es nur unbewusst) und respektiert werden.

....

Zwei Übungen: Vergrößern Sie Ihren persönlichen Raum

Übung 1:
- ▦ Nehmen Sie bitte jetzt in aller Ruhe Ihren persönlichen Raum ein.
- ▦ Versuchen Sie, bei jedem Ausatmen diesen Raum sanft mit Luft zu füllen, als würden Sie einen leeren Luftballon aufblasen. Aus Ihrer Erfahrung wissen Sie, dass der Raum, den ein Luftballon einnimmt, immer größer wird, je mehr Sie ihn aufblasen. Genau so können Sie Ihren persönlichen Raum vergrößern, wenn Sie ihn in Ihrer Vorstellung mit Atem füllen und ihn „aufpumpen".
- ▦ Aber tun Sie dies nicht mit Gewalt, sondern mit einer sanften Zielgerichtetheit, indem Sie durch die Nase ein- und ausatmen.
- ▦ Je mehr Raum Sie für sich beanspruchen können und wollen, umso weiter kann Ihr Charisma strahlen.

Übung 2:
Diese vom Qigong inspirierte Übung hilft Ihnen, Ihren persönlichen Raum zu vergrößern.
- ▦ Stehen Sie sicher, schulterbreit und sehr geerdet. Die Beine sind gestreckt, aber nicht durchgedrückt.
- ▦ Strecken Sie die Hände (aufgestellt) nach allen Himmelsrichtungen, wobei der Wechsel außen stattfindet:
  – dreimal die Energie nach vorne wegschieben und wieder zu sich ziehen (dies tun Sie bitte so langsam und aufmerksam wie möglich), und
  – dreimal die Energie zur Seite wegschieben und wieder zu sich

ziehen (und wieder geht es um die bewusste Bewegung: also wieder so langsam wie möglich).

■ Abschließend greifen Sie – imaginär – die unsichtbaren Energien hinter dem Rücken, heben sie über den Kopf und schleudern sie nach vorne auf den Boden (mit einem geräuschvollen Ausatmen oder Stöhnen).

■ Die langsamen Bewegungen lassen Sie symbolisch und energetisch den Raum um Sie herum vergrößern.

■ Mit der letzten Phase der Übung, der Reinigung Ihres Raumes, können Sie die Energie desselben mit Ihrem INNEN füllen und gleichzeitig negativen Empfindungen vorbeugen.

■ Ist es Ihnen gelungen, den persönlichen Raum entsprechend auszudehnen und mit positiver Kraft zu füllen, können Sie Ihren persönlichen Raum bis hin (zum Beispiel) zum Publikum erweitern und ihn mit dem Raum des Publikums verbinden.

Anwendungstipp: Diese Übung eignet sich vor allem, wenn Sie sich gezielt auf einen Auftritt, ein Gespräch oder einen Vortrag vorbereiten möchten. Sie können mit dieser Übung den Raum „vorzeichnen", den Sie im entscheidenden Moment mit Ausstrahlung füllen möchten.

Übung: Sensibilisieren Sie sich für die persönlichen Räume anderer Menschen

■ Es kann richtig Spaß machen, Menschen in Warteschlangen zu beobachten. Bestimmt erkennen Sie bereits Unterschiede zwischen den Wartenden: Wer braucht viel Raum, wer eher weniger?

■ Wenn Sie schon ein geübter Beobachter sind, werden Sie sogar die Gründe und Ursachen der Leute abschätzen können, warum sie mehr oder weniger Raum einnehmen.

Anwendungstipp: Diese kleine Wahrnehmungsübung können Sie immer und überall durchführen. Sie wird Sie sensibler machen für Ihren eigenen Raum und die Räume der anderen.

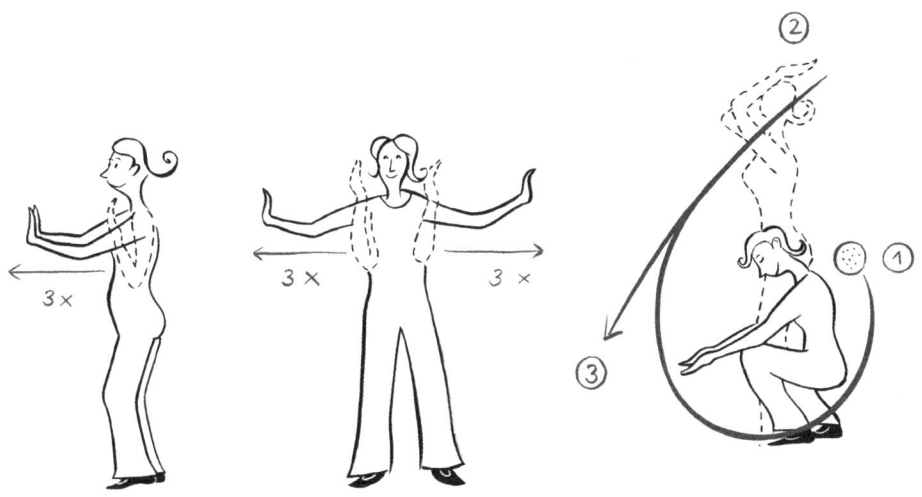

Auch Ihr Körper ist Raum

Wir haben mit äußeren Räumen begonnen, uns dann mit dem persönlichen Raum beschäftigt und sind nun schließlich bei Ihrem Körper angelangt. Was heißt das? Sie wissen, wo Ihr Körper anfängt und wo er aufhört. Wie jedoch steht es um den Raum in Ihrem Körper?

Den eigenen Körper als Wohnung für Ihr INNEN anzunehmen, verschafft Ihnen nicht nur eine gelassene Ausgangslage, sondern auch eine gute Körperlichkeit. Wer sich in seinem Körper nicht wohl und zu Hause fühlt, kann kein Charisma ausstrahlen.

Der Körper als Wohnung

Wenn Sie ein sehr intellektueller (Kopf-)Mensch sind, ohne über ein entsprechend starkes Körpergefühl und Körperbewusstsein zu verfügen, laufen Sie Gefahr, dass Ihr Körper immer ein paar Schritte hinter Ihrem Geist herhinkt. Sie brauchen aber Ihren Körper, um auszustrahlen. Versuchen Sie darum, Ihre Aufmerksamkeit nicht nur auf geistige Belange zu richten, sondern Ihrem Körper die Beachtung zu schenken, die er verdient.

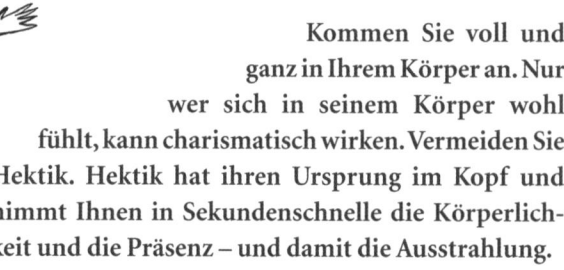

Kommen Sie voll und ganz in Ihrem Körper an. Nur wer sich in seinem Körper wohl fühlt, kann charismatisch wirken. Vermeiden Sie Hektik. Hektik hat ihren Ursprung im Kopf und nimmt Ihnen in Sekundenschnelle die Körperlichkeit und die Präsenz – und damit die Ausstrahlung.

Übung: Machen Sie Ihren Körper zum Raum

- Setzen Sie sich bequem hin und kommen Sie zur Ruhe.
- Schließen Sie die Augen. Lassen Sie die Gedanken ziehen und konzentrieren Sie sich auf Ihre Atmung. Sinken Sie mit jedem Atemzug tiefer in Ihren Körper hinein. Dieses Gefühl sollten Sie eine Weile halten.
- Schenken Sie nun Ihren Füßen Aufmerksamkeit. Beobachten Sie sie still, messen Sie in Gedanken ihr Gewicht ab. Versuchen Sie, ein Gefühl für ihr Volumen zu bekommen.
- Dann widmen Sie sich Ihren Beinen (erst Unterschenkel, dann Knie, Oberschenkel). Versuchen Sie wiederum das Volumen zu ermitteln und von innen wahrzunehmen.
- Gehen Sie auf die gleiche Weise vor, wenn Sie sich Ihrem Becken, dem ganzen Rumpf, den Armen und Händen und abschließend dem Hals und Kopf zuwenden.
- Was Sie jetzt spüren, ist der Raum Ihres Körpers. „Schauen" Sie ihn mit all Ihren Sinnen aufmerksam an und beanspruchen Sie diesen Raum für sich. Füllen Sie ihn mit Aufmerksamkeit und wohliger Wärme.
- Nur Sie allein können entscheiden, womit dieser Raum gefüllt wird. Machen Sie ihn sich liebevoll zu Eigen.

- Nach drei abschließenden, tiefen Atemzügen öffnen Sie wieder die Augen.

Sich des Gegenübers bewusst werden

Oft ist es im Alltag so, dass man die Menschen bereits kennt, mit denen man zu tun hat, zumindest auf eine oberflächliche Art und Weise. Manchmal sind sie uns mehr, manchmal weniger sympathisch. Am besten fühlen wir uns, wenn wir die Menschen, mit denen wir zu tun haben, von Herzen mögen. Denn die charismatische Ausstrahlung kann sich dann am besten entfalten.

Doch Ihre Ausstrahlung ist nicht unbedingt an den Empfänger gebunden: Sie können auch Charisma ausstrahlen, wenn Sie jemanden nicht besonders mögen, vielleicht auch etwas Angst vor dieser Person haben.

Der unsympathische Gesprächspartner

Übung: Beziehung zum unsympathischen Gegenüber aufbauen

- Auch zu Beginn dieser kurzen Übung gilt es wieder, zur Ruhe und ganz zu sich selbst zu kommen. Entspannen Sie sich, indem Sie mit jedem Atemzug Ihr eigenes Gewicht in sich hinein fallen lassen. So wird Ihre Atmung immer tiefer und intensiver. Lassen Sie Gedanken aus dem Alltag an sich vorbeiziehen, bis Sie sich angenehm leer fühlen.
- Nun stellen Sie sich jene Person vor, die Sie nicht besonders mögen. Sehen Sie ihr Gesicht vor sich.
- Versenken Sie sich in Ihrer Vorstellung so lange in das Gesicht der Ihnen unsympathischen Person, bis es Ihnen immer plastischer erscheint, mit immer mehr Details. Denken Sie dann sogleich an

jemanden, den Sie sehr mögen, ein Kind vielleicht, jemanden, auf den Sie nichts kommen lassen würden.

- ▓ Beobachten Sie jetzt ganz genau, was in Ihrem Körper vor sich geht. Spüren Sie, wie sich eine angenehme Wärme in Ihrem Bauch und in Ihrem Brustbereich ausbreitet.
- ▓ Versuchen Sie, dieses angenehme Gefühl in Ihrem Körper zu halten, während Sie wieder an die unsympathische Person denken. Die Wärme strömt nun in Ihren ganzen Körper.
- ▓ Zum Schluss der Übung stellen Sie sich ein gelungenes, sympathisches und wohlwollendes Gespräch mit der Person vor. Machen Sie das so lange, bis Sie ein ehrliches gutes Gefühl dieser Person gegenüber aufgebaut haben.
- ▓ Dann öffnen Sie wieder die Augen und kommen in den Alltag zurück.

Anwendungstipp: Diese Übung sollten Sie vor wichtigen Gesprächen, Sitzungen und Verhandlungen durchführen.

Der unbekannte Gesprächspartner Was aber geschieht, wenn Sie Ihre künftigen Gesprächspartner überhaupt nicht kennen oder sogar vor ein größeres anonymes Publikum treten müssen? Handelt es sich um einzelne Personen, mit denen Sie künftig zu tun haben werden und über die Sie vielleicht schon etwas gehört und vor denen Sie großen Respekt haben, können Sie wieder mit der Übung „Beziehung zum unsympathischen Gegenüber aufbauen" arbeiten. Wichtig ist immer, dass Sie sich ausreichend positiv füllen, um dem (unsympathischen oder noch gänzlich unbekannten) Gesprächspartner mit einem wohlwollenden Gefühl gegenübertreten zu können.

Informationen einholen Bei unbekannten Personen ist es nützlich, sich im Vorfeld über sie zu informieren. Vielleicht finden Sie Ansatzpunkte, die es Ihnen erleichtern, jemanden zu mögen, den Sie noch gar nicht kennen. Dies kann ein Foto der Person sein oder auch ein gemeinsames Hobby oder derselbe Wohnort.

Wie sieht es mit der unbekannten Masse aus, dem Publikum im Dunkeln? Viele fühlen sich sicherer, wenn sie die einzelnen Zuseher oder Zuhörer sehen und den unmittelbaren und direkten Kontakt nutzen können. Andere fühlen sich wohler, wenn sie das größere Publikum „nicht zu Gesicht" bekommen. Zuweilen kann dies schon ab 50 Personen im Auditorium der Fall sein, etwa wenn sich jemand zum ersten Mal vor einem Publikum bewähren muss.

Das große Publikum

Das Publikum immer im Blick zu haben, ist für die meisten Menschen die angenehmere Situation. Sie erhalten die Reaktionen ihrer Zuhörer und Zuseher auf unmittelbare Weise. Ein naher und direkter Kontakt, Auge in Auge, ist vielleicht auch für Sie eher vorstellbar. Aus eigener Erfahrung kann ich Ihnen jedoch sagen, dass es gar keinen so großen Unterschied macht, ob Sie Ihr Publikum sehen oder nicht. Wichtig ist, dass Sie einen Kontakt zu ihm aufbauen und diesen halten, solange Sie im Rampenlicht stehen. Gelingt dies nicht, wird es Ihnen sehr schwerfallen, vor Publikum zu bestehen (sei dies auf der großen Bühne, in einer Präsentation oder auch nur in einer wichtigen geschäftlichen Sitzung).

Glücklich im Rampenlicht

Auch wenn Sie Ihre Zuhörer und Zuseher nicht sehen können, so spüren Sie doch deren Anwesenheit, merken, ob sie noch aufmerksam oder schon unruhig sind. Sie werden das spüren, das verspreche ich Ihnen. Und mit „spüren" meine ich nicht nur die Huster, Räusperer oder das Herumrutschen auf den Stühlen, auch nicht nur den Zwischenapplaus oder die Lacher zwischendurch. Ich meine die Energie, die das Publikum auf Sie zurückstrahlt. Es ist ein fantastisches Gefühl, wenn es Ihnen gelingt, diese Verbindung möglichst lange oder sogar immer zu halten.

Egal, wie groß Ihr Publikum ist: Holen Sie es immer dort ab, wo es steht, und halten Sie die Verbindung zu Ihren Zuschauern und Zuhörern so lange, wie Sie im Rampenlicht stehen.

So funktioniert Empathie: Sich in das Publikum einfühlen

„Die Menschen beurteilen alle Dinge nach dem Erfolg. Jeder sieht, was du scheinst, und nur wenige fühlen, was du bist."
Niccolò Machiavelli (1469–1527),
italienischer Politiker und Staatsphilosoph

Empathie ist ein Begriff, der in den letzten Jahren Hochkonjunktur hatte und einen regelrechten Boom feiern konnte. Doch was steckt dahinter? Bestimmt kennen Sie die folgende klassische Definition:

Empathie ist die Fähigkeit, sich in andere Menschen einzufühlen. Ein Mensch mit Empathie verfügt über Einfühlungsvermögen.

Gemeinsamkeiten suchen und entwickeln

Charisma ist in der Praxis die energetische und emotionale Verbindung mit anderen Menschen. Und eigentlich ist der Gedanke, sich verstärkt in andere Menschen einzufühlen, so neu und außergewöhnlich nicht. Warum sind wir dann nicht alle viel empathischer? Schade wäre es, wenn wir glaubten, Empathie bringe in unserer schnelllebigen Gesellschaft und Zeit keinen Nutzen. Vielleicht liegt es aber nur daran, dass wir nicht genügend Übung darin haben, uns in andere Menschen hineinzuversetzen.

Aber glauben Sie mir: Jeder, ob nun besonders sensibel oder mit einem dickeren Fell ausgestattet, kann sich in andere hineinversetzen. Als Beispiel möchte ich wieder den Schauspieler anführen, der sich in seinem beruflichen Leben immer wieder in fremde Personen, Figuren und Rollen hineinversetzen muss. Personen, die es wirklich gegeben hat, und Personen, die sich jemand ausgedacht hat. Natürlich gibt es bessere und schlechtere Schauspieler, was manchmal mit der Technik, manchmal mit der eigenen Sensibilität zu tun hat.

Schauspieler-
Technik nutzen

Nun wenden Sie wahrscheinlich ein, dass Sie aber kein Schauspieler sind. Richtig. Aber der Schauspieler wendet eine Technik an, um sich in fremde Menschen hineinversetzen zu können. Und auch Sie können sich mittels dieser Technik Empathie aneignen.

Gehen Sie ohne Vorurteile auf die Menschen zu. Seien Sie neugierig auf fremde Menschen und bringen Sie ihnen immer Respekt entgegen.

Übung: Entwickeln Sie Empathie

▨ Versuchen Sie, sich eine Situation mit einer bestimmten sympathischen Person vorzustellen. Es ist leichter, wenn Sie jemanden wählen, den Sie sehr gut kennen. Etwas schwieriger wird es mit Leuten, die Sie nur flüchtig oder gar nicht kennen, vielleicht nur aus den Medien. Es sollte sich um eine Situation handeln, in der Sie sich wohl fühlen – vielleicht trinken Sie mit dieser Person gemütlich ein Glas Wein.

- Nun lassen Sie Ihre Fantasie spielen. Überlegen Sie für sich, wie diese Person sich wohl gerade fühlt.
- Suchen Sie nach Gemeinsamkeiten, die Sie mit dieser Person haben. Dies können kleine Dinge sein, vielleicht auch nur die Tatsache, dass Sie beide gerne Wein trinken.
- Wenn Ihnen das gelungen ist, sind Sie dem Ziel, sich in den anderen Menschen hineinzuversetzen, schon einen großen Schritt näher gekommen.
- Nun ordnen Sie dieser Person eine kleine Biografie zu – ob diese nun real oder rein fiktiv ist, spielt dabei keine Rolle. Schauen Sie, was zu dieser Person passen könnte, stellen Sie ihr in Ihrer Fantasie Fragen zu folgenden Themen:
  - Wie war ihre Kindheit?
  - Hatte diese Person als Kind ein Haustier? Hat sie immer noch ein Haustier?
  - Welche Vorlieben hat sie?
  - Wie hat wohl die erste Liebe dieser Person ausgesehen?
  - War es eine glückliche Liebe?
  - Mag die Person Kinder?
  - Leben ihre Eltern noch? Hat sie Geschwister?
  - Ist diese Person ein angenehmer Nachbar, eine angenehme Nachbarin?
  - Was isst sie am liebsten, was überhaupt nicht gerne?
- Versuchen Sie, sich so lange in diese Bilder in Ihrer Vorstellung hinein zu versenken, bis sie Ihnen immer realistischer erscheinen.

....

 Für den empathischeren Umgang mit Menschen gilt: Suchen Sie die Gemeinsamkeiten, die Sie mit der Person haben könnten, nicht die Unterschiede. Es wird wohl kaum einen Menschen auf dieser Welt geben, der nicht irgendeine Gemeinsamkeit mit Ihnen hat. Nehmen Sie diese Berührungspunkte als Basis für den Kontakt mit Ihren Mitmenschen.

Sie haben bestimmt schon erlebt, wie eine angespannte Situation durch einen komischen Zwischenfall oder eine witzige Bemerkung sofort entspannt wurde. Dies funktioniert meistens dann, wenn die Beteiligten Humor haben. Zwischen humorlosen Menschen hätte sich die Situation bestimmt nicht so schnell entschärfen lassen. Humor entspannt und schlägt Brücken.

Humor nutzen

Der Duden definiert Humor wie folgt: heitere Gelassenheit, Wesensart; (gute) Laune, oder auch: Gabe eines Menschen, den Schwierigkeiten und Missgeschicken des Alltags mit heiterer Gelassenheit zu begegnen.

Humor-Definition

Diese heitere Gelassenheit ist eine gute Grundlage, um sich vorbehaltlos anderen Menschen gegenüber zu öffnen und ihnen positiv zu begegnen. Humor ist eine Voraussetzung für einen empathischen Umgang mit dem Gegenüber.

Heitere Gelassenheit

Allerdings ist nicht alles, was uns als Humor verkauft wird, der Empathie förderlich. Nicht alles, was etwa in den Medien als lustig und humorvoll bezeichnet wird, passt zur genannten Duden-Definition. Über Humor lässt sich bekanntlich nicht streiten – die Meinungen, was darunter zu verstehen ist, gehen allzu weit auseinander. Aber vielleicht kann man sich darauf verständigen, dass etwa rassistische oder frauenfeindliche Äußerungen auch bei einem sehr weit gefassten Humorbegriff einfach nur beleidigend sind.

Der Zynismus wiederum verlockt zu seiner Anwendung, weil viele Menschen meinen, er ließe sie besonders intelligent wirken. Zyniker glauben sich anderen überlegen, weil sie doch scheinbar als Einzige bestimmte Zusammenhänge in ihrer „lächerlichen Wahrheit" zu erkennen und schonungslos zu entlarven imstande sind.

Zynismus schadet

Ein gesundes Maß an Ironie und Sarkasmus schadet nicht. Doch wer andauernd zynische Bemerkungen von sich gibt, verrät dem AUSSEN nur einiges über die eigene Bitterkeit. Als intelligent mögen solche rhetorischen Kunstgriffe manchen erscheinen lassen. Ob sie diese Menschen aber auch charismatisch strahlen und wirken lassen, möchte ich bezweifeln. Kristallklar beobachtete und intelligent hergestellte Zusammenhänge sollten Sie durchaus mit Ihren Mitmenschen teilen, aber seien Sie dabei nie gemein oder respektlos.

Seien Sie nicht so zynisch und sarkastisch in Ihren Begegnungen mit anderen Menschen. Bemerkungen, die grausam, beleidigend oder spöttisch sind, sind mit einem respektvollen Auftreten nicht vereinbar.

4. Die optischen Charisma-Instrumente

Wir leben in einer optischen und visuellen Welt. Äußerlichkeiten machen einen großen Teil unseres Lebens aus. Die Verfechter der „inneren Werte" bilden dabei die scheinbare Opposition und versuchen oft, der äußeren Erscheinung ihre Bedeutung abzusprechen – ein Kampf gegen Windmühlen. Denn ohne Äußerlichkeiten geht es nicht, auch nicht beim Thema „Charisma". Im Folgenden werden Sie durch die Galerie der optischen Charisma-Instrumente geführt, die den Stil ebenso wie die Körpersprache umfasst. Dabei begegnen Sie Übungen, die Ihnen zeigen, dass die „inneren Werte" keinesfalls die Opposition zur äußeren Erscheinung bilden müssen, im Gegenteil: Ihr INNEN ist die Quelle all Ihrer äußerlichen Charisma-Instrumente, die überdies Ihre Innenwelt sichtbar werden lässt.

*„Das Mysteriöse im Leben liegt im Sichtbaren,
nicht im Unsichtbaren."*

OSCAR WILDE (1854–1900), IRISCHER SCHRIFTSTELLER

Das INNEN nach AUSSEN bringen

Die optischen Charisma-Instrumente haben die Aufgabe, Ihr
INNEN nach AUSSEN zu vertreten und zu transportieren.
Denken Sie immer daran: Sie selbst entscheiden, was dieses
INNEN ist oder um welchen Teil Ihrer Innenwelt es sich han-
delt.

**Instrumente
ausbilden**
Zu vielen Charisma-Instrumenten, seien es nun Körpersprache, Aussehen und Stil oder auch Stimme und Sprechweise,
werden Sie genügend Literatur finden, die diese Teilbereiche
sehr ausführlich behandeln. Wenn Sie also das Gefühl haben,
dass eines dieser Instrumente Sie ganz besonders interessiert
und für Ihre Entwicklung sehr wichtig ist, kann es sich lohnen,
das entsprechende Thema zu vertiefen. Aber ebenso gut können Sie dasjenige Thema noch genauer unter die Lupe nehmen,
bei dem Sie vermuten, dass Sie dort erhebliche Defizite haben.
Um wirklich charismatisch wirken zu können, sollten Sie ein
möglichst harmonisches und rundes Bild von sich abgeben.
Viel Spaß also dabei, Ihre persönlichen optischen Charisma-Instrumente auf Vordermann zu bringen!

Für die Arbeit mit Ihren Charisma-Instrumenten ist es wichtig, Ihrem Körper und Ihrer Körperlichkeit mindestens die
gleiche Bedeutung wie Ihrem Kopf und Ihrem Intellekt oder
Ihrer Ratio zuzugestehen. Denn der Intellekt allein kann
nicht ausstrahlen.

Die äußere Erscheinung: Eine Frage der „wahren" Schönheit

Landläufig wird gerne jemandem, der besonders schön aussieht, Charisma nachgesagt. Da ist sogar etwas dran, wenn wirklich *schön* gemeint ist. Denn schön ist nicht das Gleiche wie *hübsch*. Darum unterscheiden Sie bitte: Hübsch ist man schnell einmal, wenn man sich einen Besuch bei einem guten Friseur gönnt. Schönheit aber hat auch das INNEN, mit dem wir uns ja schon ausführlich auseinandergesetzt haben.

Wie oft hören wir in diesem Zusammenhang den Begriff *innere Schönheit*. Nach Schönheit drehen die meisten von uns sich um und schenken ihr dieselbe ungeteilte Aufmerksamkeit wie dem Menschen, dem wir Charisma zuschreiben.

Innere Schönheit

Sie können mehr für Ihre charismatische Ausstrahlung tun, wenn Sie zu Ihrer – auch inneren – Schönheit stehen und nicht Ihre Zeit damit vertun, als hübsch zu gelten. Fühlen Sie sich wohl in Ihrem Körper und mit Ihrem Aussehen.

Hübsch ist eine Person, die von Natur aus mit einem ebenmäßigen Äußeren beschenkt wurde, die auf sich achtet, sich pflegt und eine gewisse Jugendlichkeit ausstrahlt. Und das hat nichts mit dem Alter zu tun! Doch das Hübschsein hat auch einen etwas fahlen Beigeschmack: Es ist zu glatt, zu nett, hat keine Ecken und Kanten, lässt auf den ersten Blick auf keinen allzu großen Tiefgang schließen (wenn auch oft zu Unrecht) und wird mit dem Begriff der Oberflächlichkeit in Verbindung gebracht. Das Hübschsein ist zumeist keine oder nur eine kleine Hilfe, wenn es um den Aufbau von Charisma geht.

Hübsch sein – schön sein

Und gar keine Hilfe ist es, wenn man diesem Attribut seine Eigenheiten, Besonderheiten und vermeintlichen kleinen Makel opfert, also in dem Bemühen, hübsch zu erscheinen, seine Ecken und Kanten abschleift und seine tieferen und tiefgründigen Seiten versteckt, um von der Außenwelt eine anscheinend günstigere „Bewertung" zu erhalten.

Der Makel des Hübschseins Über hübsche Menschen urteilt man oft recht schnell, lässt sie nicht richtig wirken. Es entgehen einem dann ihre Tiefen, ihre Narben, die durch schwierige Lebenserfahrungen entstanden sind. Als berühmtes Beispiel für das (zumindest für die Charisma-Arbeit) ungünstige Image des Hübschseins könnte man Marilyn Monroe nennen. Sie war durchaus eine Frau mit Tiefen, von großer Schönheit, eine bemerkenswerte Künstlerin noch dazu. Leider ist sie von der Hollywood-Maschinerie zu schnell und vom Publikum zu lange in die Schublade des lediglich hübschen Dummchens gesteckt worden. Ecken und Kanten waren nun mal nicht sexy in den fünfziger Jahren, und Tiefgang war sowieso nicht unbedingt etwas für Frauen. Die Frage ist, ob sich das mittlerweile geändert hat.

Tragische Schönheit Marilyns tragische Geschichte kennen wir. Doch wer auch die berühmten, geradezu berührenden privaten Fotos von ihr gesehen hat, sieht mehr. Auf diesen Bildern sind der Tiefgang, der Schmerz und ganz viel Natürlichkeit und Authentizität zu sehen. Eine Schönheit.

Schönheit retuschieren Apropos hübsch: Schauen Sie sich doch einmal die derzeit gefragten Hollywood-Gesichter an. Hübsch müssen sie sein, auch wenn sie dafür ihre Schönheit retuschieren müssen. Ein gänzlich eigener Stil der Ikonen der Film-Hauptstadt scheint sich nur noch auf ihren jeweiligen Designer und Stylisten zu beziehen. Was ist da nicht schon alles an Schönheit, interessanten Markenzeichen und Ausstrahlung überdeckt und versteckt worden.

Wahre Schönheit Gerade, weil sie jeder für sich individuell definiert, birgt die äußere Schönheit – oder sagen wir allgemeiner: die äußere

Erscheinung – ein riesiges Charisma-Potenzial. Ecken und Kanten vermögen es nicht, diese Schönheit abzuschwächen, im Gegenteil. Wer hat sie nicht schon gesehen, die bedauernswerten Damen und Herren, die ihre Schönheit haben wegoperieren lassen. Charakternasen zum Beispiel, die einem schönen Gesicht das gewisse Etwas verleihen, dürfen wir nur noch selten bestaunen – längst sind sie „auf hübsch" getrimmt worden. Sicher, an der Charakternase oder den faltigen Augenlidern allein hängt nicht die „wahre" Schönheit, auch nicht die Authentizität. Aber vielleicht die persönliche Geschichte.

Verstehen Sie mich bitte nicht falsch: Dies ist keine Hetzrede gegen die Schönheitschirurgie. Auch nicht gegen das zweifellos vorhandene – und damit zu respektierende – Bedürfnis, sich zu verändern und das Beste aus seinem Aussehen zu machen. Ganz und gar nicht. Eine gepflegte äußere Erscheinung ist ein Zeichen der Wertschätzung und des Respekts den Mitmenschen gegenüber, ein Akt der Höflichkeit.

Sinnvolle „Verschönerungen"

....

Entwickeln Sie sich in Richtung Ihres wirklichen Selbst. Verbiegen Sie sich dabei nicht und machen Sie sich nicht abhängig von fremden Ansichten, was unter Schönheit zu verstehen sei.

Und natürlich: Wenn Ihnen Ihre Nase tatsächlich dabei im Weg steht, sich in Ihrem Körper wohl zu fühlen, besteht Handlungsbedarf. Aber tut sie das wirklich, oder denken Sie das nur, weil Sie glauben, sich mit Ihrer Nase nicht wohl fühlen zu können, weil das die anderen auch nicht können? Fragen Sie Ihr INNEN.
Übrigens – in der Nasenfrage möchte ich noch ein berühmtes Beispiel nennen: Stellen Sie sich vor, Barbra Streisand hätte sich die Nase operieren lassen. Hätte sie dann eher mehr oder eher weniger Charisma?

Doch genug von den anderen, jetzt geht es um Sie! Sind Sie zufrieden, wenn Sie in den Spiegel schauen? Fühlen Sie sich wohl in Ihrer Haut? Wenn es Ihnen gelingt, mehr Zeit damit zu verbringen, sich selbst wohl zu fühlen, anstatt daran zu denken, wie die anderen Sie wohl gerne hätten, haben Sie schon einen riesigen Schritt in Richtung Freiheit und Authentizität getan. Diese Attribute werden Sie souveräner wirken lassen, selbstbewusster und attraktiver.

Machen Sie sich frei von der Meinung anderer. Die Freiheit, Sie selbst zu sein, lässt Sie gut aussehen. Freunden Sie sich mit sich selbst an. Nur wer sich selbst mag, kommt AUSSEN attraktiv an.

Stilvolle Strategien für das „gewisse Etwas"

Was können Sie konkret tun, um sich optisch optimal – im Sinne Ihrer „wahren" Schönheit – zu entwickeln? Meine Vorschläge:

- Machen Sie es sich schön. Umgeben Sie sich mit Menschen und Dingen, die Ihnen gut tun.
- Versöhnen Sie sich mit Ihrem Körper. Er hat Ihnen ein Leben lang treu gedient und verdient Zuwendung.
- Bauen Sie ein gutes Gefühl zu Ihrem Körper auf. Schöne Spaziergänge und ein gesundes Maß an sportlicher Aktivität helfen dabei.
- Auch wenn es manchmal schwerfällt: Schauen Sie positiv in die Zukunft!
- Vergessen Sie nie, *WER* Sie sind.
- Machen Sie sich bewusst, was Sie schon alles Wertvolles geleistet haben.
- Wissen Sie um Ihre INNERE und ÄUSSERE Schönheit.

- Erinnern Sie sich an ein Kompliment, das Sie bekommen haben. Schauen Sie sich ein Foto an, auf dem Sie sich besonders attraktiv finden.
- Betonen Sie Ihre besonders attraktiven Seiten. Wenn Sie nicht wissen, wie Sie das bewerkstelligen können, holen Sie sich professionelle Hilfe von außen (etwa Friseur, Stilberater).

Das Äußere stärken

- Pflegen Sie Ihren Körper. Das wird auch Ihr Körperbewusstsein stärken. Auch hier kann professionelle Hilfe nicht schaden (der Besuch bei einer Kosmetikerin zum Beispiel muss nicht nur etwas für Damen sein).
- Gehen Sie regelmäßig zum Friseur.
- Bei Herren sind Schnauzer und Bärte ein heikles Thema. Lassen Sie sich Zeit mit Veränderungen, die das Gesicht allzu sehr verändern. Und wieder gilt: Lassen Sie sich nötigenfalls von Fachleuten beraten. Der beste Freund sagt schnell einmal, dass etwas „ganz toll" an Ihnen aussieht. Auf sein Stilbewusstsein allein würde ich mich nicht verlassen, wenn er kein anerkannter Stylist ist.
- Im Gesicht der Dame sind die Augenbrauen ein Blickfang. Diese sollten immer gepflegt wirken und können auch dezent gezupft noch natürlich aussehen. Leicht korrigierte Augenbrauen nehmen Ihnen noch nicht Ihre Authentizität.
- Pflegen Sie Ihre Garderobe. Flecken, ausgefranste Säume und Co. wirken ungepflegt.

Auch beim Aussehen kann Feedback viel zu Ihrer Weiterentwicklung beitragen, wenn es von den richtigen Leuten kommt. Die richtigen Leute sind auch in diesem Fall alle, die Sie mögen und die Ihr Bestes wollen. Seien Sie vorsichtig mit Tipps, die von „Freunden" kommen, die vielleicht doch eher neidisch auf Sie sind. Eine Überprüfung von gut gemeinten Ratschlägen kann selbst bei Freunden ratsam sein. Denn manchmal verfügen sie über kein geübtes Auge, um angemessene Tipps für das „gewisse Extra" geben zu können.

Dosiert Feedback beachten

Statements mit Stil Ein individueller Stil verleiht der Persönlichkeit Ausdruck. Am Stil einer Person erkennen Sie sofort, wie diese Person sich selbst nach *AUSSEN* vertreten sehen will.

„Stil" – Sie können mit diesem optischen Ausdruck wunderbar spielen. Wie Sie sich im Detail kleiden, wie Sie ganz bewusst mit besonderen Accessoires Akzente setzen, wie Sie Ihre Haare tragen – all dies sind Statements und starke Signale, mit denen der eigene Charakter für die anderen sichtbar gemacht werden soll. Oder eben die Seiten, die man gerne hätte. Dabei allerdings ist Vorsicht geboten: Wählen Sie keine Signale, die Ihrem Charakter fremd und Ihnen nicht wesensverwandt sind.

Der Stil muss zur Persönlichkeit passen

■ Wer sehr schüchtern ist, sollte sparsam mit exzentrischen Kleidungsstücken und auffälligen Accessoires umgehen. Rot zum Beispiel will gesehen werden, vermittelt Kraft und eine offensive

Haltung, ist also ein starkes Zeichen nach AUSSEN – und damit nichts für jemanden, der sich verstecken möchte. Mit einem zu gewagten Styling würden in diesem Fall die falschen Signale gesetzt.

▨ Ein sehr origineller und geselliger Mensch hingegen, der viel Aufmerksamkeit braucht, ist schlecht beraten, wenn er mit dezentem Mausgrau zu überzeugen versucht. Hier ist tatsächlich ein Rot angebracht, oder einfach alles, was Aufmerksamkeit auf sich zieht, sei es mittels Farben, eigenwilligen Schnitten oder auch den entsprechenden Accessoires.

Selbstverständlich dürfen Sie sich verändern, wenn Sie möchten. Ändern Sie jedoch nicht alles auf einmal, gehen Sie lieber in kleinen Schrittchen vor. Geben Sie sich die Zeit, die Sie brauchen, um sich an ein neues Erscheinungsbild zu gewöhnen. Sie müssen sich wohl fühlen, und nicht verkleidet – das hat in Stilsachen oberste Priorität.

„Aber was ist mein Stil?", mögen Sie sich vielleicht fragen. Wieder gilt: Machen Sie sich Gedanken darüber, wer Sie sind. Von dieser Charisma-Arbeit kann Sie niemand befreien. Nur wenn Sie wissen, wer Sie sind, können Sie Ihrer Persönlichkeit mit Hilfe eines eigenen Stils Ausdruck verleihen. Einfach einem Modetrend hinterher zu laufen – das ist kein Stil. Wenn Sie sich für Mode interessieren und Mode somit ein wichtiger Teil Ihres Lebens ist, können Sie sich selbstverständlich an den neuesten Trends orientieren. Doch dann schauen Sie immer genau hin:

Den eigenen Stil finden

▨ Gefällt Ihnen diese Mode wirklich?
▨ Fühlen Sie sich in dieser Kleidung wohl?
▨ Passen die Farben und Schnitte zu Ihnen und Ihrer Persönlichkeit?

Es bringt Ihnen keinen Vorteil, sich von Verkäufern zum Kauf von Kleidung überreden zu lassen, wenn Sie sich selbst nicht sicher sind, ob diese Kleidung Ihnen auch in zwei Wochen noch gefallen wird. Lassen Sie sich nie gegen Ihr Gefühl zu etwas überreden!

Stil ist ein Mittel, um Ihre Persönlichkeit nach AUSSEN sichtbar werden zu lassen. Setzen Sie gezielt Akzente, passend zu Ihrem Charakter und Ihrem INNEN, damit Sie sich optimal und wirkungsvoll nach AUSSEN ausdrücken können.

Körpersprache als wichtigstes optisches Charisma-Instrument

Der Körper ist allen Charisma-Instrumenten übergeordnet. Ihr Körper kann fast alles ausdrücken, was Sie wollen. Charisma auszustrahlen, ist für den Körper die natürlichste und einfachste Sache der Welt – aber nur, wenn Sie ihn bei der Charisma-Arbeit nicht mit dem Intellekt daran hindern.

Die Körpersprache wird im Auftreten eines Menschen als der aussagekräftigste Faktor angesehen. Und das zu Recht. Dennoch sollten Sie Ihren Umgang mit der Körpersprache entspannt angehen.

Im Auftreten eines Menschen und seiner Wirkung nach AUSSEN wird der Körpersprache die wichtigste Rolle zugeschrieben.

Körpersprache gezielt einsetzen

Das Erlernen und Umlernen körpersprachlicher Signale hat seine Grenzen. Denn jeder Mensch hat seine eigene Art, sich zu bewegen, die zum einen nicht verlernt werden kann und zum anderen nicht verlernt werden sollte.

Zur Körpersprache wurde viel geschrieben und erzählt. Vor Kursen und Büchern, in denen gefordert wird, alle Menschen sollten sich gleich (krampfhaft) bewegen und Einheitsgesten verwenden, möchte ich warnen. Es ist auch schon so schwierig genug, sich vor einem Publikum zu bewegen, und seien es die Kollegen am Arbeitsplatz. Vor den großen Meistern der Körpersprache – zum Beispiel Samy Molcho – habe ich großen Respekt und bewundere ihr feines analytisches Auge. Ein Könner wie Molcho hat ein immenses Körpergefühl, eine perfekte Körperbeherrschung und jahrelange Erfahrung mit intensiver Körperarbeit. Von Aussagen zur Körpersprache mit „Molcho-Qualität" dürfen Sie sich gerne inspirieren lassen.

Weg von den Einheitsgesten

Aber persönlich bin ich dagegen, jede Bewegung eines Menschen analysieren und deuten zu wollen – allein schon deshalb, weil es riesige Unterschiede in der Körpersprache in den verschiedenen Kulturkreisen gibt. Sicher, auch ich gebe in meinen Kursen den Teilnehmern ein Gerüst mit: körpersprachliche Hinweise, die sich leicht und natürlich in die eigene Art und Weise, sich zu bewegen, integrieren lassen. Aber zu viele Instruktionen, auch vom Profi, können auf Kosten der Natürlichkeit gehen.

Samy Molcho zeigt uns, wie wichtig ein gutes Körperbewusstsein ist. Da er auch ein hervorragender Beobachter ist, bleibt dieses Bewusstsein nicht nur auf seinen eigenen Körper beschränkt. Darum möchte ich Ihnen nochmals folgenden Rat geben, bevor Sie mit dem Thema Körpersprache zu arbeiten beginnen: Werden Sie sich Ihres Körpers bewusst und schenken Sie ihm Aufmerksamkeit!

Körperbewusstsein ist wichtig

Atmung bewegt

Was den Körper bereits im Ruhezustand bewegt (auch wenn dieser Vorgang nicht immer ein bewusster ist), ist die Atmung. Überhaupt ist die Atmung ein Grundpfeiler der Körpersprache. Mit einer gezielten Atmung können Sie sich besser erden, einen besseren Kontakt zum Boden herstellen. Noch vor nicht allzu langer Zeit hat man in unserem Kulturkreis in der Atmung eine eher sportive Funktion gesehen. Lediglich bei wenigen anerkannten Entspannungs- und Bewegungstechniken wurde ihr ein übergeordneter Wert beigemessen. Seit östliche Bewegungs- und Gesundheitslehren wie Yoga, Tai-Chi, Qigong etc. bei uns immer mehr Zulauf finden, wird auch der Atmung eine viel grundsätzlichere Rolle zugeschrieben. Ich behaupte, ihr gebührt eine Hauptrolle.

Ein Mensch, der nicht richtig atmet, kann nicht an seine eigentliche Kraft gelangen und sein körperliches, geistiges und psychisches Potenzial nicht voll entfalten. Richtige Atmung kann eine Erleichterung, in manchen Fällen sogar eine Befreiung von körperlichen und geistigen Blockaden, bedeuten.

„Erst einmal tief durchatmen!" Was genau heißt es, „richtig" zu atmen, um mit dem körperlichen Ausdruck charismatisch zu wirken? Jeder Mensch hat seinen eigenen Atemrhythmus, ja, jeder Mensch hat überhaupt seine eigene Art und Weise, zu atmen. Es gibt aber eine Grundregel: Um locker auftreten zu können, sollten Sie möglichst tief atmen.

Tief im doppelten Sinne Mit „tief" ist einerseits die Stelle am Körper gemeint, an der sich die Atmung den Raum nehmen kann, um sich entfalten zu können. Sie befindet sich am Unterbauch oder im Beckenbereich. Darum spricht man auch von Beckenatmung. Tief soll die Atmung aber andererseits auch in ihrer Bewegung sein. Damit steuern Sie einer allzu flachen Atmung entgegen.

Lassen Sie Ihren Körper selbst auf die Frage antworten, wie er am liebsten atmet. Beobachten Sie einfach Ihre Atmung ganz bewusst. Entspannen Sie sich und finden Sie heraus, womit Sie sich am wohlsten fühlen und wie Sie die beste Verbindung zu Ihrem Körper herstellen können.

Der Körper gibt die Antwort

Übung: So atmen Sie bewusst

- Stellen Sie sich locker und bequem hin, die Füße stellen Sie ungefähr schulterbreit auf. Kreisen Sie kurz mit Ihren Schultern, dann können Sie die Schultern fallen lassen. Belasten Sie beide Beine möglichst gleich, die Beine sind gestreckt, aber nicht angespannt. Stellen Sie einen bewussten Kontakt zum Boden her.
- Nun konzentrieren Sie sich auf Ihre Atmung. Versuchen Sie ganz bewusst, den Weg Ihrer Atmung zu gehen, ihn genau zu beobachten. Lassen Sie mit jedem Atemzug Ihre Atmung weiter in Ihren Körper hineinsinken.
- Schenken Sie auch den Atempausen Beachtung: Eine kleine Pause findet nach dem Einatmen, die andere, längere Pause nach dem Ausatmen statt.
- Spüren Sie, wie Ihr Körper beim Einatmen mit Luft gefüllt wird und wie die Luft beim Ausatmen wieder entweicht. Gehen Sie in den Atempausen bewusst in die Fülle des Einatmens oder die Leere des Ausatmens. Beobachten Sie, wo im Körper dieses Füllen mit Luft stattfindet.
- Lassen Sie Ihre Atmung während dieser Übung immer tiefer sinken. Manipulieren Sie bei dieser Übung Ihre Atmung nicht, lassen Sie „es" ganz natürlich und befreit atmen.

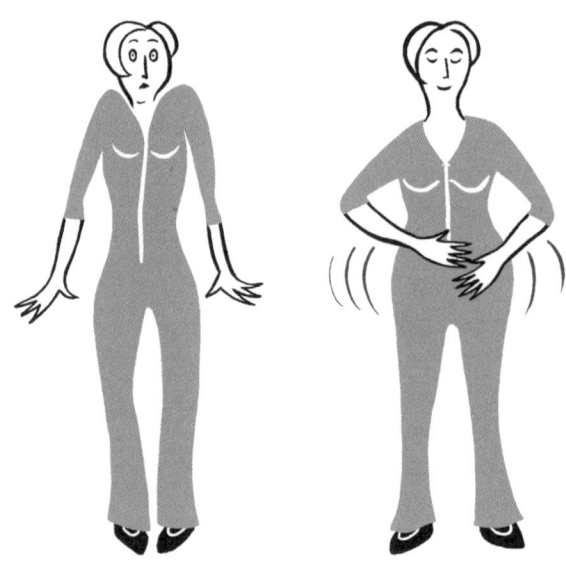

Falsche Atmung – und wie sie entsteht

▨ Immer wieder sieht man Leute, die bei öffentlichen Auftritten oder in schwierigen Gesprächen in Atemnot geraten. Vielleicht ist es Ihnen auch schon einmal passiert, dass Sie in angespannten Situationen nach Luft gerungen haben. Prüfen Sie zuerst, ob dies eine medizinische Ursache haben könnte. Oft sehe ich allerdings Menschen, die völlig gesund sind, bei denen die Atmung jedoch durch Anspannung oder Nervosität in die Höhe getrieben wird, bis in den oberen Brustbereich hinein. Schließlich haben sie das Gefühl, sie bekämen zu wenig Luft. Dabei ist die Luft da, durch das häufige und hektische Zwischenatmen sogar im Überfluss. Nur kann die Luft nicht mehr richtig entweichen, ist quasi eingeklemmt vom verkrampften Oberkörper. Äußeres Zeichen dafür sind hochgezogene Schultern.

▨ Die Wurzel des Übels liegt in einer zu hohen Atmung (im Brustbereich), wobei der Betroffene auch noch zu wenig ausatmet. Um dem unangenehmen Gefühl der Atemlosigkeit entgegenzuwirken, wird immer mehr eingeatmet, ohne entsprechend (oft) wieder auszuatmen. Dabei ist die Atmung nur falsch platziert und der Körper folglich verspannt.

▨ Dieses unangenehme Gefühl entsteht durch einen Stau der Luft im Brustbereich, es handelt sich durchaus um eine „Atemnot". Der Betroffene hat zu viel Luft eingeatmet, und das auch noch am falschen Ort. So entsteht eine extreme Form der Hochatmung.

Was die Hochatmung mit Ihrem Körper und dessen Sprache macht, ist offensichtlich. Der Körper steht unnatürlich, er ist verkrampft und verfügt nur noch über eingeschränkte Ausdrucksmöglichkeiten. Was können Sie tun, wenn es im Eifer des Gefechts zu einer zu hohen Atmung kommt? Versuchen Sie dann, sich – obwohl Sie sich in einer Extremsituation befinden – zu entspannen, besonders in der Schulterpartie. Legen Sie eine Atempause ein und atmen Sie aus. Diese Not-Ausatmer machen Sie so lange, bis Ihre Schultern wieder etwas sinken können und das unangenehme Gefühl in der Brust nachlässt. Durch das Ausatmen der gestauten Luft können Sie Ihre gesamte Atmung vom Brustbereich wieder in Richtung Becken sinken lassen. Selbst wenn Sie während eines öffentlichen Auftritts in die Falle der Hochatmung tappen sollten, ist das nicht tragisch. Die Pausen zum Ausatmen können ganz klein und unauffällig sein, niemand wird etwas bemerken. Achten Sie einfach darauf, Ihre Atmung tief zu halten.

Atmung tief halten

An dieser Stelle möchte ich auf die faszinierenden Bücher des außergewöhnlichen Stimm-Lehrers Romeo Alavi Kia hinweisen. Er spricht von zwei Atemtypen:

Idee der zwei Atemtypen

▨ Der eine atmet nach Romeo Alavi Kias Theorie aktiv ein und passiv aus,

▨ der andere Typ atmet passiv ein und aktiv aus.

Demnach wäre also dieser Schwerpunkt des Ausatmens nur für den einen Atemtyp richtig. Für den anderen Atemtyp wäre der Schwerpunkt im Einatmen durchaus angenehm. Diese Lehre ist aber umstritten. Fakt ist: Die Atmung möglichst tief in den Körper sinken zu lassen und sich eine bewusste Atempause nach dem Ausatmen zu gönnen, tut allen Menschen gut, so unterschiedlich sie auch atmen mögen.

Bleiben Sie auf dem Boden: die Erdung

Es gibt neben der Atmung einen weiteren Grundpfeiler der Körpersprache: die Erdung. Sie haben ja bereits gelesen, dass eine bewusste Atmung das Gefühl der Erdung begünstigen kann. Aber auch eine gute Erdung wird Ihnen dabei helfen, die Atmung tief zu halten. Doch warum soll man sich überhaupt erden? Nun: Wenn Sie eine gute Erdung haben, wird es Ihnen sprichwörtlich und auch ganz konkret gelingen, auf dem Boden zu bleiben.

Fehlende Erdung – kein Charisma Ob es vor lauter Begeisterung passiert, aufgrund von Hemmungen, bei Lampenfieber oder durch nackte Angst verursacht wird: Die Leute fangen bei öffentlichen Vorträgen, Präsentationen oder kleinen Reden an zu zappeln, werden unruhig, trippeln nervös umher, verlieren den Faden, manche wippen mit ihren Füßen, hüpfen fast. Sie haben die Erdung verloren, und mit ihr den Halt. So können sie kaum Charisma versprühen.

Wurzelübung: Erden Sie sich

▣ Einmal mehr setzen Sie sich bitte bequem hin und nehmen sich ein paar Minuten Zeit nur für sich. Schließen Sie die Augen und lassen Sie den Alltag hinter sich. Kommen Sie zur Ruhe. Versuchen Sie, sich mit jedem Atemzug mehr zu entspannen. Die Glieder werden schwer und die Atmung sinkt immer weiter in Ihren Körper hinein.

- In dieser Entspannung wenden Sie sich nun Ihren Füßen zu. Spüren Sie ganz bewusst die Auflagefläche der Füße auf dem Boden, als könnten Sie imaginär die Umrisse Ihrer Füße mit einem Stift nachzeichnen.
- Nun konzentrieren Sie sich auf Ihren linken Fuß. Stellen Sie sich vor, wie eine winzige zarte Wurzel aus Ihrer großen Zehe in den Boden hineinwächst. Dann passiert genau das Gleiche mit der kleinen Zehe, schließlich mit der Ferse. Wie Wurzeln eines jungen Baumes, die sich langsam aber sicher mit der Erde verbinden, immer weiter in den Boden hineinwachsen. So haben Sie nun am linken Fuß drei immer stärker werdende Wurzeln, die Sie wie Anker am Boden festhalten. Der rechte Fuß hingegen ist noch ganz „unverwurzelt". Untersuchen Sie für sich, ob Sie in diesem Stadium der Übung etwa einen Gewichtsunterschied oder überhaupt einen fühlbaren Unterschied zwischen Ihren beiden Füßen feststellen können.
- Danach wenden Sie sich in Ihrer Vorstellung auch Ihrem rechten Fuß zu und lassen auf die gleiche Weise wiederum drei kleine Wurzeln aus Ihrem Fuß in den Boden hineinwachsen (große Zehe, kleine Zehe, Ferse).
- Nun sind beide Füße verwurzelt. Sie können nun mit jedem Atemzug Ihre Wurzeln immer stärker werden und weiter in den Boden hineinwachsen lassen.
- Gehen Sie mit all Ihren Sinnen in dieses Gefühl der Verwurzelung. Denn sie ist die ultimative Erdung. Speichern Sie für sich dieses verwurzelte Gefühl ab, damit Sie es jederzeit bei Bedarf wieder abrufen können. Sobald Sie dies sorgfältig für sich gemacht haben, ziehen Sie die Wurzeln wieder in die Füße zurück, eine nach der anderen. Das Gefühl der Verwurzelung aber soll bleiben. Dann öffnen Sie wieder die Augen und kommen wieder im Alltag an.

....

In Ruhe üben

Wichtig bei dieser Übung ist, dass Sie sie beim ersten Mal sorgfältig, langsam und in Ruhe durchführen. Es geht um die *Wahrnehmung*. Wenden Sie sich also erst einer neuen Wurzel zu, wenn Sie die Wurzel zuvor ganz plastisch vor sich sehen oder sie deutlich spüren. Wenn Sie sich dafür keine Zeit nehmen, wird Ihnen die Übung nicht helfen. Aber keine Angst, Sie brauchen diese Übung nicht regelmäßig und nicht immer so ausführlich auszuführen. Legen Sie Wert auf die Qualität der Übung, nicht auf die Quantität.

Selbstverständlich ist diese Wurzelübung nicht der einzige Weg, um sich besser zu erden. Sie können sich vorstellen, Sie seien am Boden festgeklebt oder hätten Magnete an den Füßen, die Sie auf der Erde halten. Entscheiden Sie, welche Erdungshilfe Ihnen am besten gefällt. Probieren Sie aus, was bei Ihnen am effektivsten funktioniert.

Aussagekräftige Körpersprache Nun sind Sie also entspannt, atmen richtig und sind geerdet. Eine fantastische Ausgangslage für Ihre individuelle, natürliche und aussagekräftige Körpersprache.

Wer gut geerdet ist und aufrecht steht, vermittelt nach AUSSEN Präsenz und Interesse für andere Menschen.

Der Mensch – das stehende Wesen

In jedem Nachschlagewerk über Körpersprache finden Sie Hinweise zum Stand. Beachten Sie, dass auch in diesem speziellen Bereich jeder Mensch seine individuellen Eigenheiten hat – jeder steht auf seine eigene Art und Weise. Um sich einen möglichst optimalen, soliden und offenen Stand anzueignen, gilt es zuerst herauszufinden, wie dieser im Idealfall aussehen sollte.

Souverän stehen – das will gelernt sein. Bei manchen Übungen hat es sich bewährt, die Füße ungefähr in schulterbreitem Abstand voneinander zu stellen. Und diese Haltung ist auch für den Grundstand gut geeignet. Fühlen Sie sich im Stehen immer gut mit dem Boden verbunden.

Souverän stehen

Achten Sie zudem darauf, dass Sie möglichst gerade stehen, ohne zu verkrampfen. Die Beine sind locker gestreckt. Vermeiden Sie es, die Beine zu überdehnen, in den Knien zu locker zu sein oder gar in den Knien zu federn. Der Rumpf ruht ganz natürlich und bequem auf der Hüfte, er ist gerade, nach vorne geöffnet und locker. Die Schultern sind ebenfalls locker.

Nicht verkrampfen

Sind die Schultern hochgezogen, wirkt der ganze Körper unlocker und angespannt. Vermeiden Sie überdies, den ganzen Rumpf hängen zu lassen: Nur ein gerader Körper wirkt nach AUSSEN präsent und wach. Sollten Sie feststellen, dass Sie diese Tendenz zum eingefallenen Rumpf haben, versuchen Sie, die Brust etwas nach vorne zu heben und zu dehnen.

Gerader Körper wirkt

Übung: Stehen Sie gerade an der Wand

▓ Stellen Sie sich locker mit dem Rücken gegen eine Wand. Nehmen Sie genau wahr, wie Ihnen die Wand Rückhalt schenkt und Sie ganz automatisch gerade und aufrecht hält.

- Lehnen Sie sich gegen die Wand, ohne Ihr ganzes Gewicht an sie abzugeben. Ihr Körper soll lediglich abspeichern, wie es sich anfühlt, so gerade zu sein. Tragen kann er sich aber selbst.
- Sobald Sie dieses Gefühl ausführlich in Ihren Körper aufgenommen haben, gehen Sie einen Schritt von der Wand weg und versuchen, ohne Wand genauso gerade zu stehen.

Die Übung hat den Vorteil, dass Sie sie sehr schnell durchführen können, birgt aber genau deswegen die Gefahr, dass Sie das Gefühl des Geradestehens zu wenig verinnerlichen. Ist das der Fall, kann die Übung sich nicht positiv auf Ihren Stand auswirken.

Übung: Den geraden Stand einnehmen

Zunächst einmal: Folgende Übung sollten Sie nur machen, wenn Sie keine Rückenprobleme haben!

- Stellen Sie sich schulterbreit und gut geerdet hin. Lockern Sie nun Ihren Körper. Kreisen Sie mit den Schultern, dehnen und strecken Sie sich. Strecken Sie Ihre Arme nach allen Seiten und schließlich nach oben. Stellen Sie sich auf die Zehenspitzen, während Sie versuchen, mit Ihren Fingerspitzen die Decke des Raumes zu erreichen.
- Lassen Sie nun mit einem geräuschvollen Ausatmen Ihren Oberkörper bis zur Taille fallen. Lassen Sie Ihren Oberkörper noch ein paar bewusste Sekunden hängen. Der Kopf als Verlängerung des Rumpfes hängt ganz locker und baumelt. Die Hände dürfen den Boden berühren, müssen aber nicht.
- Ganz langsam fangen Sie nun an, Ihren Oberkörper wieder aufzurichten, indem Sie, beim Kreuzbein beginnend, Wirbel für Wirbel aufeinandersetzen. Zum Schluss folgen die Halswirbel, denen Sie ganz besonders viel Beachtung schenken sollten. Als Abschluss

„setzen" Sie den Kopf ganz locker auf den letzten Halswirbel. Der Kopf vervollständigt das Bild vom geraden Körper. Sie können sich vorstellen, Ihr Kopf würde in der Mitte von einem Faden von oben gehalten.

▨ Sobald Sie wieder ganz gerade stehen, stellen Sie sich noch einmal auf Ihre Zehen und strecken Ihre Fingerspitzen nach oben. Nun lassen Sie sich aber nicht mehr nur bis zur Taille fallen, sondern den gesamten Oberkörper in einer einzigen Bewegung bis in die Knie sinken.

▨ Jetzt verweilen Sie so in der Hocke: Hals und Kopf hängen wieder als Verlängerung des Rumpfes ganz locker herab, die Arme baumeln bis zum Boden. Halten Sie diese Stellung einen Moment, bis Sie sich, wie vorhin, wieder ganz langsam und Wirbel für Wirbel aufrichten.

Im Gegensatz zur vorherigen Übung dauert diese zwar etwas länger, hat aber auf das Körperbewusstsein den größeren Effekt.

Vielleicht ist es Ihnen ja bewusst, dass Sie zum Beispiel schräg stehen oder auch überstreckt sind und daher steif wirken. Suchen Sie nach den Ursachen, wenn nötig auch mit Hilfe eines Hausarztes, Orthopäden oder Physiotherapeuten.

Sobald Sie einen geraden Stand eingenommen haben und Sie sich damit wohl fühlen, ist als Nächstes darauf zu achten, dass Ihr Stand auch offen wirkt. Offen bedeutet, die „Strahlebahn" nach vorne frei zu halten, ohne sie mit verschränkten Armen oder einem weggedrehten oder gebeugten Rumpf zu blockieren. Wenn Ihnen Ihr Spiegel nicht das erwartete Feedback gibt, bitten Sie einen Freund um Hilfe und eine konstruktive Rückmeldung zu Ihrem Stand.

Entspannt oder verkrampft: die Körperspannung

Um Ihren Körper sprechen zu lassen, gilt es nun, sich etwas zu bewegen. Bei der letzten Übung haben Sie ja mit dem Strecken und Dehnen des Körpers gearbeitet. Bereits da konnten Sie bewusst den Wechsel zwischen Spannung und Entspannung in Ihrem Körper beobachten:

- Ist die Körperspannung zu gering, wirken Sie schlaff und unmotiviert.
- Bei zu viel Körperspannung besteht die Gefahr, übereifrig, verkrampft und steif zu wirken. Außerdem fördert diese angespannte Haltung die Hochatmung und somit die Nervosität.

Wie charismatisch finden Sie jemanden, dessen Körperhaltung Sie als „schlapp" oder – im Gegensatz dazu – als „steif" bezeichnen würden? Körperliche Bewegung ist immer ein Wechsel zwischen Anspannung und Entspannung. Achten Sie darauf, dass die Momente der Anspannung und der Entspannung in einer guten Balance zueinander stehen und die Entspannung in der Bewegung nicht zu kurz kommt.

Übung: Die Körperspannung trainieren

- Stehen Sie ganz entspannt, lassen Sie die Schultern fallen. Mit jedem weiteren Atemzug können Sie Gewicht an Ihren Körper abgeben und alle Glieder sinken lassen.
- Versuchen Sie, immer mehr in diese körperliche Entspannung hineinzusinken.
- Spannen Sie nun nach und nach Ihre Füße und Unterschenkel, dann Ihre Oberschenkel und den Beckenbereich immer mehr an, bis Ihre ganze untere Körperhälfte angespannt ist.
- Jetzt werden Sie wieder locker. Wiederholen Sie diesen Wechsel von Anspannung und Entspannung ein paarmal, nehmen Sie nun aber auch den Oberkörper (Bauch, Brustbereich, Schultern, Arme, Hals und Kopf) mit dazu. Es findet nun ein Wechsel von Anspannung und Entspannung des ganzen Körpers statt.
- Gehen Sie bewusst mit Ihrer Aufmerksamkeit zu Ihren Muskeln und nehmen Sie genau wahr, was in diesen beiden Zuständen mit Ihrem Körper passiert.

Sport jeglicher Art ist das perfekte Mittel, um den Wechsel von Körperspannung und körperlicher Entspannung zu erleben. Außerdem eignet sich Sport ausgezeichnet, um generell das Körpergefühl zu verbessern. Tanzen etwa hilft Ihnen, an der Ausdrucksfähigkeit Ihres Körpers zu arbeiten. Sport ist die Pflege, die Sie Ihrem Körper als Instrument für eine tolle Ausstrahlung ab und zu zukommen lassen sollten.

Sport ist nicht Mord

Ein verkrampfter Körper blockiert die feine Bewegung der charismatischen Ausstrahlung, die sich bei einer körperlichen Steifheit nicht mehr richtig entfalten kann. Eine zu geringe Körperspannung verhindert Ihre Präsenz, Sie wirken desinteressiert. Balancieren Sie Ihre Körperspannung aus.

Der Gang des Menschen

Kommen wir zu Ihrem Gang – auch mit ihm strahlen Sie aus. Die Gehweise des Menschen kann vieles aussagen, hier nur eine kleine Auswahl:

- Ein Gang kann zielstrebig, klar und zügig sein und Selbstsicherheit vermitteln.
- Oder er ist langsam, bedacht und gemütlich. So kann Ihr Gang entweder Souveränität vermitteln oder Ihnen aber als Zeichen der Unentschlossenheit ausgelegt werden.
- Ein zögerlicher Gang wirkt unsicher und vermittelt ebenfalls Unentschlossenheit.
- Einem Mann mit sehr breitem Gang in Cowboymanier droht der Vorwurf der Machohaftigkeit.
- Menschen, die beim Gehen den Kopf sehr gerade tragen, gelten schnell als hochnäsig und arrogant.

Ausdrucksmöglichkeiten des Gangs

Verantwortlich dafür, wie Ihr Gang auf die Außenwelt wirkt, sind:

- das Tempo
- die Länge der Schritte
- die Elastizität der Knie während des Gehens
- das kraftvolle oder leichte Aufsetzen der Füße
- das Mitschwingen der Hände beim Gehen
- die Bewegung des Beckens
- der Abstand der Füße zu einander (schmaler oder breiter Gang)

Gehweise feststellen

Bleiben Sie individuell in der Art und Weise, wie Sie gehen. Wenn Sie schon einmal ein Feedback zu Ihrer Gangart erhalten haben, prüfen Sie, ob es zutrifft. Wenn Sie nicht sicher sind, wie Ihr Gang nach AUSSEN wirkt, holen Sie weitere Meinungen von wohlwollenden Mitmenschen ein. Sind Sie sich immer noch nicht sicher, ob Sie mit Ihrer Gehweise zufrieden sein können, nehmen Sie sich einmal auf Video auf. Doch Vorsicht:

Die „Rückmeldung", die Sie von der Kamera bekommen, ist nicht immer die netteste.

Nun wissen Sie also, woran Sie arbeiten können – doch gehen Sie es bitte langsam an und übereilen Sie nichts. Sie wollen sich schließlich keine neuen Ticks antrainieren, sondern einen authentischen Gang und eine natürliche Körpersprache erreichen. Seien Sie sich der Aspekte Ihrer Gehweise bewusst. Je weiter Sie Ihr Körperbewusstsein und Ihre Körperbeherrschung entwickeln, umso mehr können Sie bewusst diese Aspekte verändern – wenn Sie es denn wollen.

Natürlich verändert sich auch Ihr Gang je nach Situation und Stimmung. Die beschriebenen Aspekte bekommen dann mehr oder weniger Gewicht, die Prioritäten verschieben sich. So gehen Sie bestimmt weicher und auch langsamer, wenn Sie entspannt und nachdenklich sind. Kraft und Tempo kommt in Ihren Gang, wenn Sie sich auf ein bevorstehendes Ereignis freuen.

Situations-bedingter Gang

In all diesen Gehweisen steckt eine Aussagekraft, mit allen Gängen können Sie charismatisch wirken. Dabei gilt: Auch für Ihre Art und Weise zu gehen, ist *Hektik* Gift! Hektik nimmt Ihrem Gang jegliche Souveränität, macht ihn unkoordiniert und zu schnell.

Hektik vermeiden

Wenn Sie souverän, zielstrebig und professionell wirken wollen – und das hat einer charismatischen Ausstrahlung selten Abbruch getan –, sollten Sie auch auf die ersten und letzten Schritte einer zu gehenden Strecke achten. Denn ob Sie ein Unterfangen entschlossen, kraftvoll, zögerlich oder vorsichtig angehen, lässt sich vom geübten Auge an Ihrem Gang ablesen. Besonders daran, wie Sie *starten* und wie Sie ins Ziel *einlaufen*. Und nicht zuletzt, ob Sie im Ziel mit einem guten und geerdeten Stand ankommen.

Tipps für die Hände: die Gestik

Obwohl uns Medienprofis – etwa Moderatoren und Sprecher, also Menschen mit entsprechender Ausbildung in Körpersprache – tagtäglich vor Augen führen, was eine angemessene und gute Körpersprache ausmacht, sind viele Menschen unsicher, was ihre Körpersprache angeht. Besonders große Verunsicherung herrscht bei den Händen.

Wohin mit den Händen? Die meisten Leute wissen, dass sie die Hände während eines öffentlichen Auftritts, einer Rede oder einer geschäftlichen Präsentation nicht einfach schlaff herunterhängen lassen sollten. Viele würden ihre Hände auch nie in die Hosentaschen stecken. Doch wohin dann damit?

Grundhaltung der Hände Wer sich mit dem Thema „Körpersprache" schon einmal auseinandergesetzt hat, weiß, dass empfohlen wird, die Hände für eine positive und neutrale Grundhaltung in der Körpermitte zu halten. Wenn die Hände zu weit unterhalb der Körpermitte positioniert werden, kann dies einen schlappen, unmotivierten, müden, schüchternen oder sogar verklemmten Eindruck hinterlassen. Damit Sie Ihre Hände automatisch und natürlich richtig halten, sollten Sie die folgenden Hilfestellungen beachten: Sie unterstützen Sie dabei, die Hände locker in der Mitte des Körpers zu halten und eine neutrale Ausgangslage einzunehmen:

▪ Beide Hände berühren sich an den Fingerspitzen.
▪ Halten Sie die Finger der einen Hand mit der anderen fest.
▪ Nutzen Sie ein Hilfsmittel, das Sie auf der Höhe der Körpermitte festhalten können (etwa Stift, Pointer).

Dies sind wohlgemerkt nur Tipps für eine Ausgangsstellung der Hände. Achten Sie dabei immer darauf, dass Sie in diesen Grundhaltungen nicht verkrampfen. Es soll sich immer gut anfühlen und Sie keine Kraftanstrengung kosten.

Suchen Sie sich Ihre persönlich liebste und passendste Grundstellung aus. So vermeiden Sie, dass Ihre Gesten theatralisch oder aufgesetzt wirken. Entwickeln Sie Ihre eigenen natürlichen Gesten, ausgehend von der mittigen Grundhaltung. Mit der Zeit werden Sie diese so verinnerlichen, dass Sie nicht mehr darauf achten müssen und sie wie von selbst einnehmen.

Theatralik vermeiden

Für eine positive, neutrale Grundhaltung halten Sie die Hände in Ihrer Körpermitte.

Wie Sie in einem Gespräch oder während eines Vortrages Ihre Hände bewegen, ist selbstverständlich wieder sehr individuell und eine Frage des Temperamentes. Vertrauen Sie darauf, dass Ihr INNEN, Ihr Engagement die Hände richtig bewegen wird. Sie dürfen natürlich Variationen ausprobieren und nach neuen Ausdrucksmöglichkeiten suchen. Nicht nur die Hände werden von Ihrem Anliegen – Ihrem INNEN – geführt, Ihr ganzer Körper bewegt sich danach.

Eine Frage des Temperaments

So stehen Sie bei ernsten oder traurigen Themen eher ruhig, bei aufregenden Vorträgen haben Sie vielleicht das Bedürfnis, ein paar Schritte zu gehen. Seien Sie sich bewusst, dass Sie mit Ihrer Gestik eine Geschichte zwar anschaulich untermalen können, Sie aber mit einem gestischen Überangebot die eigentliche Botschaft auch verwässern.

Lassen Sie Ihre Hände von Ihrem INNEREN Anliegen bewegen. Verzichten Sie auf eingeübte Gesten. Gestikulieren Sie nicht zu viel, finden Sie heraus, wie viel Gestik Sie benötigen, um Ihrer Botschaft Nachdruck zu verleihen.

Beachten Sie überdies: Wenn Sie körpersprachlich professionell, offen und charismatisch ankommen wollen, haben die Hände in Ihrem Gesicht nichts zu suchen.

Ein Lächeln sagt mehr als tausend Worte: die Mimik

Auch im Gesicht haben Sie eine mehr oder weniger präsente Muskulatur. Wie steht es um Ihre Mimik? Mit der Mimik halte ich es wie mit der gesamten Körpersprache: Schauen Sie, was zu Ihnen passt, manipulieren Sie nichts.

Lächeln lernen Wenn Sie sich einmal die Zeit nehmen möchten, die Mimik der Menschen in Ihrem Umfeld oder im Fernsehen zu beobachten, ist das schon die halbe Miete auf dem Weg zu einer bewussten Mimik. Mehr noch als bei der Körpersprache sollten Sie bei der Mimik vorsichtig sein mit antrainierten Bewegungen. Sehr schnell können Ticks daraus entstehen.

Grimassieren vor dem Spiegel Achten Sie wiederum auf Natürlichkeit und Authentizität. Zur Kontrolle Ihrer Mimik eignet sich der Spiegel allerdings nicht sehr gut. Das Üben vor dem Spiegel zeigt Ihnen in den seltensten Fällen Ihren natürlichen Gesichtsausdruck, schlimmer noch, es fördert Grimassen und Ticks. Wenn Sie sich kontrollieren möchten, wäre wieder eine Video-Aufnahme oder das Studium ungestellter Fotos von Ihnen zu empfehlen.

In Ihren Handbewegungen, in Ihrer Körpersprache und in Ihrem Gesicht spiegelt sich Ihr inneres Anliegen wider.

Lächeln versprüht Charisma Was Sie immer riskieren dürfen, ohne Gefahr zu laufen, sich eine künstliche und aufgesetzte Mimik anzugewöhnen, ist das Lächeln! Ein ehrliches Lächeln sollten Sie unbedingt kultivieren. Mit ihm versprühen Sie unendlich viel Charisma.

Entscheidend ist das Lächeln, das seinen Ursprung in einer entspannten Zufriedenheit hat, nicht das pseudo-gefällige Grinsen. Für ein ehrliches, zufriedenes Lächeln müssen Sie nicht die
Mundwinkel nach oben reißen oder die Zähne blitzen lassen.
Das Lächeln, das ich meine, kommt von INNEN. Es spricht aus
den Augen.

Mit den Augen lächeln

**Ein positiver Gesichtsausdruck wirkt charismatisch. Ver-
wechseln Sie nie Lächeln und Grinsen. Das ehrliche Lächeln
kommt von INNEN und hat seinen Ursprung in einer entspannten, positiven Grundstimmung.**

5. Die akustischen Charisma-Instrumente

In unserer optischen und visuell geprägten Gesellschaft stellen die akustischen Charisma-Instrumente geradezu eine „Geheimwaffe" dar. Sie sind im wahrsten Sinne des Wortes nicht *offensichtlich* und zielen direkt ins Unterbewusstsein der Mitmenschen. Die akustischen Charisma-Instrumente wie Stimme und Sprechweise werden in diesem Kapitel detailliert besprochen. Entsprechende Übungen sollen Ihnen als Anreiz dienen, Ihre eigene „Geheimwaffe" besser kennen zu lernen, damit Sie sie in Zukunft gezielt einsetzen können.

Als erfreulichen Nebeneffekt werden Sie feststellen: Die Stimme ist ein Schlüssel zu Ihrem Innersten. Genauso wie die optischen Charisma-Instrumente das INNEN *sichtbar* machen, machen die akustischen das INNEN *hörbar*.

Das Geheimnis der Stimme

Ich bin immer wieder überrascht und erstaunt, wie die meisten Leute mit verschlossenen Ohren durchs Leben gehen. Schrille Frauenstimmen können gerade noch als unangenehm eingestuft werden – das ist es dann aber auch. Kaum jemand ist sich bewusst, dass er mit dem Hörsinn über ein Instrument verfügt, sich eine exakte (akustische) Vorstellung von seinen Mitmenschen zu machen.

Gut, das ist schade, aber vorerst einmal nicht so schlimm, denn nicht jeder ist ein akustischer Typ, und nicht jeder muss nach einer Stimmprobe eine Person genau einschätzen können. Dabei wäre das gar keine Hexerei. Und Stimmen können so viel aussagen!

Aussagekraft der Stimme

An der Stimme sollt ihr sie erkennen ...

- Vielleicht bewundern Sie eine Person, finden sie großartig, halten große Stücke auf sie. Sie kennen sogar den beeindruckenden Lebenslauf, bis dieses besondere Individuum zu sprechen anfängt ... Sie sehen – und hören –, worauf ich hinaus will.
- Oder andersrum: Sie kennen die Person nicht, mit der Sie telefonieren, aber sie ist Ihnen auf Anhieb sympathisch. Und das nicht, weil Ihnen diese Person besonders gute Neuigkeiten mitgeteilt hätte. Aber allein die Stimme hat Sie sofort angesprochen und in ihren Bann gezogen, wirkte vertrauenswürdig und kompetent.

Die Stimme. Für Ihr Charisma ein unglaublich wichtiges, wenn auch oft vernachlässigtes Instrument. Die Stimme eines Menschen kann dem Unterbewusstsein der Zuhörer ganze Geschichten über die dazugehörige Person erzählen. Die Stimme

Die Stimme trifft direkt ins Herz

lügt nicht. Die Stimme macht INNERE Blockaden und Befindlichkeiten hörbar. Sie ist ein unsichtbarer Draht zum Gegenüber. Die Stimme kann verzaubern.

Die Stimme wird vom Unterbewusstsein der Zuhörer sehr genau wahrgenommen, auch wenn die Zuhörer meistens nicht beschreiben können, *was* sie da genau gehört haben.
Die Stimme ist ein direkter Draht zum Gegenüber.
Der Hörer wird anhand Ihrer stimmlichen Vorstellung blitzschnell für sich entscheiden, ob Sie ihm sympathisch sind oder nicht.

Und noch einmal Atmung

Auch hinsichtlich der Stimme übernimmt die Atmung wieder eine tragende Rolle. Ob Ihre momentane Art und Weise zu atmen wirklich optimal für Sie ist, wird sich jetzt zeigen. Atmen Sie für sich ungünstig, wird es schwierig, jemanden stimmlich für sich einzunehmen. Bereits beim Thema „Körpersprache" haben Sie eine Übung kennen gelernt, die es Ihnen ermöglicht, die eigene Atmung bewusst zu erleben. Mit folgender Übung wird es Ihnen gelingen, Ihre Atmung tief im Körper zu verankern.

Übung: Trainieren Sie Ihre Tiefenatmung

- Stellen Sie sich, wie gewohnt, bequem hin, die Füße in schulterbreitem Abstand. Erden Sie sich gut, wenn nötig, machen Sie die *Wurzelübung* zur Unterstützung. Die Schultern sind locker, die Arme hängen schwer am Körper herunter.
- Lassen Sie nun mit jedem neuen Atemzug Luft in Ihren Bauch strömen. Füllen Sie sich beim Einatmen so mit Luft, als wollten Sie eigentlich Ihr Becken mit Luft füllen. Gleichzeitig lassen Sie während des Einatmens Ihre Arme nach oben steigen, bis maximal auf

Brusthöhe. Achten Sie dabei darauf, dass Sie Ihre Schultern nicht mit hochziehen, sondern locker hängen lassen.

▧ Atmen Sie so lange ein, bis Sie sich ganz gefüllt fühlen. Die Luft soll sich nach unten ausdehnen wollen.

▧ Wenn Sie sich nicht mehr weiter füllen können, halten Sie die Position während der Atempause so lange Sie können. Atmen Sie nun alle Luft auf einmal aus, dies kann relativ schnell geschehen. Gleichzeitig mit dem Ausatmen lassen Sie auch Ihre Arme wieder fallen.

▧ Legen Sie nach dem Ausatmen eine Atempause ein. Halten Sie diese Pause „im leeren Zustand" so lange Sie können. Dann wiederholen Sie das Ein- und Ausatmen mit der entsprechenden Armbewegung zehnmal. Sollten zehn Wiederholungen zu anstrengend für Sie sein, sind auch weniger Wiederholungen ausreichend.

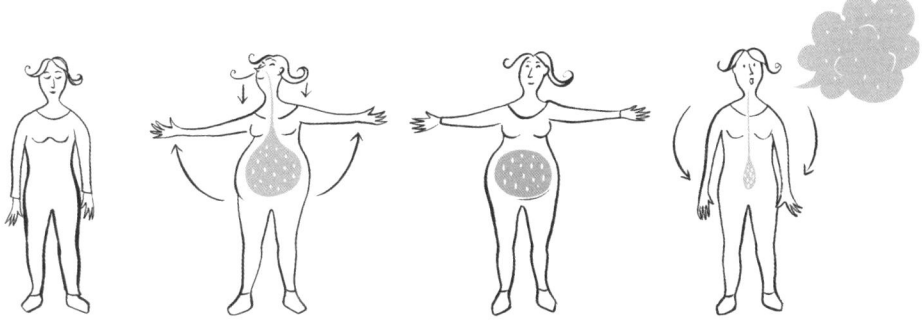

Mit ungeübten Ohren kann man seine eigenen Möglichkeiten so viel weniger ausschöpfen als mit einem trainierten und bewussten Gehör. Darum sollten Sie das Gehör trainieren, es ist ein elementarer Teil Ihrer Stimmarbeit.

Gehör trainieren

„Das ist nun einmal meine Stimme" – das bekomme ich hin und wieder krächzend zu hören. Gerne würde ich dann die Leute schütteln und mit ihnen ein paar Stimmübungen machen, um so ihre wahre und gesunde Stimme freizulegen.

Zu seiner Stimme stehen Natürlich gibt es viele ernsthafte Stimmprobleme verschiedenster Ausprägungen und aufgrund verschiedener Ursachen. Darum geht es hier aber nicht. Wichtig ist, dass Sie sich nicht mit Ihrer eigenen Stimme „geschlagen" fühlen. Es gibt keinen Grund wegzuhören, wenn Sie Ihre Stimme bei einer Aufnahme hören. Andererseits können Sie mit ein paar gezielten Übungen hörbare und schöne Erfolge bei der Verbesserung Ihrer Sprechstimme erzielen.

Einmalige Stimme Schwierig hingegen ist es, die Essenz Ihres Stimmklanges zu verändern, aber das sollten Sie auch nicht anstreben! Versuchen Sie vielmehr, Ihre eigene Stimme zu verstehen, zu stärken und von schädlichen und unschönen Angewohnheiten und Nebengeräuschen zu befreien. Denn Sie haben eine schöne Stimme, vielleicht ist sie noch etwas verschreckt, aber sie macht Sie aus, sie ist einmalig. Wie sollte sie auch nicht schön sein, sie hat ihre ganz eigene und aussagekräftige Klangfarbe.

Legen Sie Ihren echten und authentischen Stimmklang frei und finden Sie sich nicht länger mit (falsch antrainierten) Missklängen ab. (Opern)Sänger sind der Beweis dafür, dass man ein Leben lang an seiner Stimme arbeiten und feilen kann.

Aufnahmegerät nutzen Stellen Sie sich dem Klang Ihrer eigenen Stimme. Hören Sie sich selbst. Vielleicht wenden Sie ein, dass Sie sich selbst nicht hören können und wollen. Warum eigentlich nicht? Sicher, Sie haben sich ein Leben lang anders gehört. Es ist nun einmal so, dass man während des Sprechens seine eigene Stimme anders wahrnimmt als ein Zuhörer. Aber Sie nehmen sich ja auch anders wahr, wenn Sie selbst an sich herunterschauen, als Sie von Ihrem Gegenüber in der Außenwelt gesehen werden. Schauen Sie deswegen nicht mehr in den Spiegel? Eben.

Bei der akustischen Präsentation ist das Aufnahmegerät Ihr Spiegel, in den Sie ab und zu schauen sollten. Das Aufnahmegerät bietet Ihnen ein objektives und direktes Feedback.

Gehen Sie den ersten Schritt und nehmen Sie sich auf. So lernen Sie Ihr objektives „Fremdbild" kennen. Darum lohnt es sich, mit einem guten Gerät zu arbeiten. Es wird Ihnen ein realistisches und unverzerrtes Bild Ihrer Stimme bieten.

Spiegel Ihrer Stimme

Gewöhnen Sie sich so lange an Ihre Stimme, bis Sie sie mögen. Holen Sie das Beste aus Ihrer individuellen Klangfarbe heraus. Bildlich gesprochen heißt das: Seien Sie nicht frustriert, dass Ihre Stimme grün ist, wenn Sie doch so gerne eine rote hätten. Feilen Sie an Ihrer Stimme, bis Sie das schönste und leuchtendste Grün zur Verfügung haben, das es gibt!

Das Farben-Beispiel verdeutlicht Ihnen, dass es falsch wäre, Ihre Stimme zu verstellen und aus ihr etwas machen zu wollen, was sie nicht ist. Das heißt aber nicht, dass Sie nicht an ihr arbeiten dürfen. Befreien Sie sie von den allfälligen Schäden, die sie im Laufe Ihres Lebens erlitten hat. Wenn es sein muss, auch mit der Hilfe der Logopädie.

Nur authentische Stimme ist ausdrucksstark

Die ideale Sprechstimmlage als Sympathieträger

Wenn Sie jemanden kennen lernen, entscheiden Sie in Sekundenschnelle, ob Sie die Person sympathisch oder unsympathisch finden, und zwar auf der optischen und visuellen Ebene. Dasselbe tun Sie auch am Telefon, wenn Sie jemanden nicht sehen, sondern „nur" hören können – aber eben nicht auf der optischen, sondern auf der akustischen Ebene. Auch wird Sie die Stimme dieser Person entweder in Ihrem allererersten optisch gefällten Urteil bestätigen oder Sie dazu bringen, Ihr erstes Bild zu revidieren.

Die menschliche Stimme gehört zu den VIPs unter den Charisma-Instrumenten. Daher lohnt es sich immer, dieses Instrument richtig zu stimmen. Die ideale Sprechstimmlage macht Ihre Sprechstimme erst authentisch und echt. Auch werden Sie über mehrere sprecherische Möglichkeiten verfügen, wenn Sie die für Sie richtige Sprechstimmlage gefunden haben.

Charisma und Stimme

■ Stellen Sie sich einen extrem charismatischen Mann vor: weltgewandt, gut aussehend, stilvoll gekleidet, die Körpersprache geschmeidig, das Wesen einnehmend. Dieser Mann nimmt auf eine angenehme Weise viel Raum ein, ohne andere Leute dabei zu erdrücken. Ein Mann von Welt.

■ Dann fängt er an zu sprechen: Eine dünne, wackelige Fistelstimme versucht, sich ihren Weg zu Ihrem Ohr zu bahnen, unsicher, viel zu hoch und ganz leise. Wie charismatisch kann dieser Mann nun noch auf Sie wirken?

■ Als weibliches Pendant dazu nehmen Sie eine wunderschöne Frau, klug, von brillantem Humor, souverän. In Ihrer eleganten, aber nicht aufdringlichen Kleidung bewegt Sie sich graziös. Ein „Hingucker", der alle Blicke auf sich zieht. Ihre Präsenz erfüllt sofort jeden Raum, den sie betritt.

■ Auch sie darf jetzt sprechen: Ihre Stimme ist so schrill, dass Gläser bersten könnten, der Klang dabei nasal und viel zu laut.

 Finden Sie unbedingt die für Sie richtige Sprechstimmlage. Ständig in einer Stimmlage zu sprechen, die nicht die Ihre ist, kann Ihre Stimme nachhaltig schädigen. Zudem kann Ihr Gesamtbild, das Sie dann nach AUSSEN abgeben, so nicht harmonisch sein. Sobald die Stimme nicht zum Körper passt, wirken Sie inkongruent.

Jeder Mensch hat eine andere Sprechstimmlage. Die individuelle Lage sollte immer angenehm sein und darf nie mit Gewalt nach oben oder unten „gedrückt" werden. Dies würde nicht zur Authentizität beitragen, und der Stimmklang würde darunter leiden. Tendenziell wird in unserer Gesellschaft eher zu hoch gesprochen. Das kann ein Resultat von großer (körperlicher oder psychischer) Anspannung sein. Auch habe ich schon Leute erlebt, die ihre Stimme mit Gewalt nach unten „drücken", sei es, weil eine Frau in einer Männerdomäne bestehen muss oder weil jemand aus ästhetischen Gründen die Stimme manipulieren will. Gerade bei Männern, die cooler wirken möchten, kann dieses Vorgehen geradezu skurril wirken.

Die Ursache für ungünstige Stimmlagen ist am häufigsten in der Atmung zu suchen, vor allem bei zu hohen Stimmen.

Bevor Sie die nächste Übung kennen lernen: Suchen Sie sich für Stimm- und Sprechübungen immer einen Raum, in dem Sie ungestört und für sich sind – dies kann auch Ihr Auto sein.

Übung: Finden Sie die ideale Sprechstimmlage

■ Lockern Sie Ihren Körper, dehnen und strecken Sie sich. Stehen Sie gut geerdet.
■ Wecken Sie erst einmal Ihre Stimme auf, probieren Sie sie aus, spielen Sie mit Ihrer Stimme. Gähnen Sie, seufzen Sie. Summen Sie anfangs und gehen dann in ein sanftes Singen über. Versuchen Sie, in Ihren Körper hineinzuhorchen. Was macht der Körper bei welchem Klang?

- Dann probieren Sie verschiedene Höhen aus: Wie hoch ist Ihr höchster Ton – wie tief Ihr tiefster?
- Zum Abschluss dieses kleinen Stimmtrainings können Sie mit dem Mund Kaubewegungen machen. Tun Sie einfach so, als würden Sie etwas sehr Leckeres essen. In Fachbüchern ist auch von „genüsslichem Kauen" zu lesen, dazu machen Sie summende Geräusche. Das mag sich jetzt erst einmal kindisch und albern anhören, ist aber eine effektive Möglichkeit, um Ihre Stimmlage einzupendeln.

Stimmtraining Zur Kontrolle können Sie jeweils vor dem Stimmtraining eine Aufnahme machen (ein Satz genügt), dann nach dem Training eine zweite. Falls kein Unterschied in der Tonhöhe hörbar ist, seien Sie bitte nicht enttäuscht. Das kann bedeuten, dass Sie bereits bei der ersten Aufnahme Ihre Lage gut getroffen haben. Dann besteht auch kein weiterer Handlungsbedarf.

Wenn Sie Übungen zur Stimme durchführen, ist es besonders wichtig, wahrzunehmen, was mit Ihrem Körper während der Übung geschieht. Es geht darum, die Dinge bewusst körperlich zu *erleben*. „Zerdenken" Sie die Dinge aber nicht. Der Intellekt hilft Ihnen nicht dabei, die Stimme in den Körper zu bringen. Im Gegenteil!

„Denken ist wundervoll,
aber noch wundervoller ist das Erlebnis."

OSCAR WILDE (1854–1900), IRISCHER SCHRIFTSTELLER

Resonanz- und Klangräume trainieren

Der Körper hat verschiedene Resonanz- und Klangräume. Wenn Sie gerne singen, haben Sie diese Klangräume schon kennen gelernt. Singen ist überhaupt das Beste, was Sie für Ihre

Stimme tun können, ja, auch für Ihre Sprechstimme! Denn Singen aktiviert die Stimme, trainiert sie, macht körperliche Verspannungen hörbar. Singstimmen (auch Sprechstimmen) müssen oft erst von ganz verschiedenen Leiden befreit werden, bis sie ihre wahre Schönheit (er)klingen lassen können. Dies ist ein Prozess, der manchmal schnell gehen kann, manchmal aber auch Jahre dauert. Ihr Körper ist ein Klanginstrument. Er kann die unterschiedlichsten Töne erzeugen, in den verschiedensten Tonlagen.

Der menschliche Körper verfügt – vereinfacht gesprochen – über folgende Resonanzräume, die sich mit den Vokalen in einen Zusammenhang bringen lassen:

Verschiedene Klangräume

- **Kopf** – diesem Klangraum wird das I zugeordnet. Mit dem I-Klang können Sie Ihre Kopfstimme aktivieren. Mischen Sie zu viel von diesem Klang in Ihre Sprechstimme, kann sie schrill werden. Vorsicht auch mit dem Nasen-Klangraum: zu viel davon in der Sprechstimme lässt Sie unangenehm nasal klingen.
- **Hals** – diesem Klangraum wird das E zugeordnet. Obwohl man es bei vielen Sprechstimmen und leider auch Singstimmen hört, tun Sie sich keinen Gefallen damit, den Hals als Resonanzraum zu nutzen. Es hört sich unschön an und ist außerdem auch schädlich für Ihre Stimme.
- **Brustraum** – diesem Klangraum wird das A zugeordnet. Mit diesem Klang sprechen Sie normalerweise.
- **Oberer Bauch** – diesem Klangraum wird das O zugeordnet. Dies ist ein Klang, den Sie in Ihren Sprechstimmklang mischen können. Er bewirkt, dass die Stimme voller und auch tiefer wirkt. Der O-Klang kann eine vertrauensvolle Verbindung nach AUSSEN schaffen.
- **Unterer Bauch** – diesem Klangraum wird das U zugeordnet. Diesen Klangraum benutzen Sie eher selten, der Klang zeigt das Innerste an. Wir benutzen diesen Klang (unbewusst), wenn wir sehr traurig, geschockt oder überhaupt am Ende

unserer Kräfte sind, also dann, wenn die anderen Klangräume „nicht mehr funktionieren".

Stimme bewusst wahrnehmen Selbstverständlich ist das eine abstrakte Sicht auf die Stimme und nicht eins zu eins in der Praxis anzuwenden. Dieses Bild soll Ihnen helfen, Ihre Stimme bewusster wahrzunehmen. Meistens ist die Sprechstimme eine Mischung aus all diesen Klängen, die alle eine eigene Qualität und Aussagekraft haben.

Runde Stimme Mit der folgenden Übung können Sie herausfinden, aus welchen Elementen sich Ihr persönlicher Stimmklang zusammensetzt und was Ihre Stimme vielleicht noch etwas „runder" machen könnte. Auf diese Weise können Sie Ihren Körper mit Ihren Stimmklängen bekannt machen und den für Sie schönsten und angenehmsten Stimmklang finden. Außerdem bietet die Übung eine weitere Möglichkeit, Ihre persönliche Sprechstimmlage einzupendeln.

Übung: Die Resonanzräume aufsuchen

- Für diese Übung stellen Sie sich wieder locker und ungefähr schulterbreit hin. Erden Sie sich und lassen Sie Ihren Körper und Ihren Geist zur Ruhe kommen. Lassen Sie Ihre Atmung in den Körper hinein sinken. Wenn Sie möchten, können Sie diese Übung auch im Sitzen machen. Aber auch sitzend sollten Sie sich gut erden (in diesem Fall verbinden sich die Auflageflächen der Füße mit dem Boden, aber auch die Auflagefläche Ihres Rumpfes mit dem Stuhl).
- Aktivieren Sie nun Ihre Stimme ganz sanft. Summen Sie zuerst ein bisschen. Dann versuchen Sie, summend die höchsten Töne, die noch angenehm sind, auszuloten, danach die tiefsten Töne, die sich noch ohne Anstrengung erzeugen lassen.
- Nun kommen Sie vom Summen zum Singen. Singen Sie zuerst die Vokale I-E-A-O-U einmal in einer angenehmen Tonhöhe. Die Reihenfolge ist bewusst gewählt, da diese Klänge so von oben nach

unten im Körper angeordnet sind. Versuchen Sie zu spüren, welche Bereiche Ihres Körpers mit den einzelnen Lauten korrespondieren. Dann gehen Sie bitte wieder in Ihre höchste Lage und singen dabei ein I.

▪ Lassen Sie nun Ihre Stimme immer tiefer werden, bis Sie im Halsbereich sind, also beim E. Gerade beim E-Raum im Hals nehmen Sie vielleicht wahr, dass dies ein sehr unangenehmer Raum sein kann, den Sie in Zukunft lieber auslassen wollen.

▪ Gehen Sie mit der Stimme singend immer tiefer und im Körper nach unten. Singen Sie so im Brustraum A und im Oberbauch O. Im Unterbauch angekommen, lassen Sie mit dem U Ihre tiefsten Töne klingen.

··

Diese Übung, sorgfältig und bewusst durchgeführt, bringt Ihre Stimme mehr in Ihren Körper. Denn da gehört sie hin: Der Körper ist das Instrument einer guten Stimme. Auch in dieser Übung geht es wieder einmal hauptsächlich um die Wahrnehmung. Einmal intensiv gemacht, bringt sie mehr als viele oberflächliche und unkonzentrierte Wiederholungen. Wenn Ihnen diese Übung zusagt, wird es Ihrer Sprechstimme aber gut tun, sie wiederholt zu absolvieren. **Stimme in den Körper bringen**

Alles, was der Stimme gewaltsam abgefordert wird (etwa schreien, drücken), kann ihr schaden. Darum lassen Sie Ihren Körper und Ihren Sprechapparat entscheiden, wann Schluss ist. Die Stimme mag nichts, was weh tut. **„Gewalt" vermeiden**

Achten Sie einmal darauf, wie viele Menschen Probleme mit Ihrer Sprechstimme haben. Manchmal habe ich fast den Eindruck, dass es nur wenige Menschen gibt, deren Stimme ihr bisheriges Leben unbeschadet überstanden hat, geschweige denn von der Lebenserfahrung profitiert und zu wahrer Schönheit heranreifen konnte. Die Ursachen für diese Stimmprobleme (sei es chronische Heiserkeit, ständige Atemlosigkeit, eine rück- **Probleme mit der Sprechstimme** verlagerte Stimme, die im Hals sitzt, oder eine Stimme, die sehr leise ist oder kaum geführt wird) zu finden, ist ein Prozess, der für den Betroffenen sehr intensiv, aber auch schmerzhaft sein kann. So manchem ist als Kind das Singen verboten worden. Oder er ist auf irgendeine Weise für seine Stimme gerügt worden.

Geben Sie Ihrer Stimme ihren Körper zurück

Kaum etwas verströmt mehr Charisma als eine voluminöse, sonore und resonante Stimme. Solche Stimmen können ganze Räume vibrieren lassen.

Resonanz Mit „resonant" meine ich übrigens nicht einfach „laut". Natürlich, chronische Leisesprecher werden es schwer haben, als besonders charismatisch wahrgenommen zu werden. Die Lautstärke ist aber gewissermaßen der positive Nebeneffekt, den Sie erzielen, wenn Sie an Ihrer Stimm-Resonanz arbeiten. „Resonanz" ist die Vibration am Körper und die dadurch hervorgerufenen Schwingungen.

> Ihre Stimmresonanz ist ein sehr effizienter Charisma-Träger. Die Vibration an Ihrem Körper erzeugt Schwingungen, die die Stimme in den Raum trägt. Ähnlich breitet sich auch Ihre Ausstrahlung aus: von Ihrem Körper in den Raum hinein.

Übung: Resonanz spüren

- Legen Sie eine Hand auf Ihren oberen Brustbereich. Fangen Sie sachte an zu summen. Gehen Sie dann langsam in die Stimme. Es ist nicht wichtig, ob Sie dabei sprechen, summen, singen oder brummeln. Finden Sie heraus, wann Ihr Körper unter Ihrer Hand am meisten vibriert.

- Wenn Sie das deutlich gespürt haben, können Sie nun Ihre Hände auf Ihren Bauch legen. Sobald Sie auch da eine Vibration wahrnehmen, können Sie Ihre Hände auf den unteren Rücken legen.
- Lassen Sie Ihre Stimme so starke Vibration erzeugen, bis Sie diese auch da spüren können. Das ist Resonanz.

Wenn Sie dieses Gefühl der Vibration am Körper einmal erlebt haben, können Sie damit experimentieren. Ziel ist es, diese Vibration durch Ihre Stimme so stark werden zu lassen, dass sie den Klang durch diese Schwingung immer weiter in den Raum hinaustragen kann.

Es mag sich unglaublich anhören, aber allein Ihre Intention kann Resonanz erzeugen: Wenn Sie zum Beispiel in einem großen Raum sprechen müssen und sich die Zuhörer weit weg von Ihnen befinden, werden Sie mit Sicherheit Ihr Publikum stimmlich besser erreichen können, wenn Sie die Absicht haben, die Leute wirklich anzusprechen.

Bedeutung der Intention

Ihr Publikum soll sich wirklich und unmittelbar angesprochen fühlen. Schicken Sie Ihre Stimme an ein bestimmtes Ziel – und zwar bewusst und mit höchster Konzentration. Die Stimme wird kräftiger, lauter und voller am Ziel ankommen. Lassen Sie Ihre Stimme nicht diffus vor sich verpuffen, sobald sie Ihren Körper verlässt.

Die Intention trägt Ihre Stimme zum Gegenüber und zum Publikum. Konzentrieren Sie sich auf Ihr Vorhaben, die Zielperson(en) wirklich zu erreichen. Auf diese Intention können Sie dann Ihre Stimme legen, sie wird voll und gut hörbar ihr Ziel erreichen.

Kraftvoll laut sprechen –
das Zwerchfell

Doch selbstverständlich haben Sie noch andere
Möglichkeiten, resonant, laut und deutlich zu
sprechen. Sie haben ein perfektes und kraftvol-
les „technisches Wunder" in Ihrem Körper: das
Zwerchfell.

Funktionsweise

Das überaus komplexe Thema „Zwerchfell" können wir auch
einfach angehen: Es handelt sich dabei um eine kuppelförmige
Muskelhaut, die die Räume „Brustbereich" und „Bauch" voneinander trennt. Beim Einatmen wird die Kuppel abgeflacht,
das Zwerchfell dehnt sich seitlich aus. Beim Ausatmen entspannt sich das Zwerchfell normalerweise wieder.

**Zwerchfell
als Stütze**

Das Zwerchfell beim Ausatmen angespannt zu lassen, nennt
man „Stütze". Die „Stütze" ist hauptsächlich für Sänger und
Schauspieler unentbehrlich, aber auch dem Sprecher kann sie
eine große Hilfe sein. Sie ermöglicht es Ihnen, gesund laut und
kontrolliert zu sprechen. Doch Vorsicht: Verkrampfen Sie Ihre
Muskeln niemals, finden Sie Ihren eigenen Weg, mit Hilfe der
gesamten Muskulatur laut und „gestützt" zu sprechen.

Übung: Zwerchfell aktivieren

- Stehen oder sitzen Sie bitte bequem, mit einer angenehmen Körperspannung. Legen Sie Ihre Hände locker auf den Bauch und sprechen Sie die Laute p-t-k direkt hintereinander. Spüren Sie eine Bewegung in Ihrem Bauch?
- Arbeiten Sie so lange mit diesen Lauten, bis Sie die Bewegung des Zwerchfelles deutlich spüren können. Mit einem aktiv gespannten Zwerchfell wird es Ihnen möglich sein, auch längere Textpassagen laut und deutlich (auch ohne Mikrofon) zu sprechen.

Durch professionelles Sprechen mehr Charisma ausstrahlen

Nun haben Sie schon einiges für eine schöne, ausdrucksstarke und authentische Stimme getan und so Ihre Möglichkeiten, Charisma auszustrahlen, verbessert. Das ist eine wunderbare Sache und kann Ihr Leben verändern. Doch wenn Sie nicht der Typ sind, der gerne singend durchs Leben geht, werden Sie schnell merken, dass es bei der Stimme noch einen zweiten Faktor gibt, der Ihre akustische Außenwirkung beeinflusst: die Art und Weise zu sprechen.

Viele Menschen sind sich der Tatsache bewusst, dass sie nach AUSSEN wirken. So geben sie viel Geld für Schulungen und Beratungen in Sachen Rhetorik und Körpersprache aus, ganz zu schweigen von einer exklusiven Garderobe. Vielleicht haben sie sogar ein gutes Ohr, singen im Chor und haben folglich ein Bewusstsein für die Stimme. *Sprechweise optimieren*

Wenn sich diese Menschen hingegen einmal ihre Ansage auf dem Anrufbeantworter anhören würden, wäre es schnell vorbei mit dem optimalen ersten Eindruck. Das ist schade, denn:

Die Sprechweise ist ein wichtiger Faktor Ihrer akustischen Visitenkarte, die Sie nach AUSSEN abgeben.

Wahrnehmungsübung: Die Anrufbeantworter und Sie

■ Ich lade Ihr Ohr herzlich ein, einen kleinen telefonischen Spaziergang durch die verschiedenen Ansagen auf Anrufbeantwortern (seien es private von Freunden und Bekannten oder geschäftliche der unterschiedlichsten Dienstleister, Institutionen oder Firmen, von Arztpraxen bis zum Steuerberater) zu unternehmen.

■ Das ist ein spannendes, unterhaltsames und vor allem lehrreiches Unterfangen. Was denken Sie, wie viele dieser kurzen akustischen Visitenkarten einen charismatischen Eindruck hinterlassen?

■ Führen Sie Ihre eigene kleine Feldstudie durch, das wird Ihr Bewusstsein für Stimme und Sprechen enorm schulen.

Kongruenz zwischen Sprecher und Sprechweise Suchen Sie jetzt einmal in Ihrer Erinnerung oder mit Hilfe Ihrer Vorstellungskraft nach einer Person, die Sie als besonders charismatisch bezeichnen. Lassen Sie das Bild dieser Person vor Ihrem inneren Auge so plastisch und realistisch werden, bis Sie fast ihre Ausstrahlung spüren. Lassen Sie diese Person nun sprechen. Was würden Sie sagen, wenn sie dies in breitestem Dialekt täte? Suchen Sie sich einen Dialekt aus: von Schwäbisch über Bayerisch bis zu Sächsisch, von Schweizer Dialekten bis zu österreichischen. Würde diese Person immer noch dieselbe charismatische Ausstrahlung haben?

Was, wenn diese Person zwar Hochdeutsch sprechen würde, aber einen markanten Sprachfehler hätte? Wie würde wohl dies Ihren positiven Eindruck beeinflussen? Führen Sie dieses Experiment nach Lust und Laune weiter: Sie können die charismatische Person in Ihrer Vorstellung *nuscheln* oder *überartiku-lieren* lassen oder sie mit einer einschläfernden *Monotonität* versehen. Vielleicht ist Ihre charismatische Person ja auch ein chronischer Schnellsprecher?

Vielleicht können Sie jetzt nachvollziehen, wie wichtig Ihre Visitenkarte „Sprechweise" ist. Die gute Nachricht ist, dass man bei praktisch allen sprecherischen Marotten, aber überdies auch bei vielen ernstzunehmenden Sprachfehlern etwas dagegen unternehmen kann. Gute Logopäden können zuweilen zaubern. Sollten Sie also den Eindruck haben, mit Ihrer Sprechweise liegt etwas im Argen (vielleicht haben Sie ja oft kritisches Feedback bekommen), tun Sie beherzt den ersten Schritt und ziehen Sie die Logopädie zurate.

Visitenkarte „Sprechweise"

Meistens müssen die Menschen erst eine Hemmschwelle überwinden, bevor sie ein Feedback zu Sprachfehlern oder Sprachmängeln geben. Wenn dieses Feedback nicht von einer Fachperson kommt, wäre der gut gemeinte Rat ohnehin zu überprüfen. Am ehrlichsten ist immer noch die Rückmeldung, die Ihnen eine Audio-Aufnahme geben kann. Also: Scheuen Sie sich nicht, sich wieder aufzunehmen, gerne zu diesem Thema auch einmal mit einer längeren Textpassage.

Feedback einholen

Suchen Sie einen Logopäden oder eine Logopädin auf, wenn Sie einen Sprachfehler bei sich vermuten. Das gilt auch, wenn Sie oft das Feedback bekommen, Ihre Stimme „sitze im Hals", oder wenn Sie oft heiser sind.

Überprüfen Sie Ihre Sprechweise

Welche Möglichkeiten gibt es, die eigene Sprechweise zu überprüfen? Am effektivsten ist es, wenn Sie einen schriftlichen Text lesen und sich dabei aufnehmen. Es reicht, wenn Sie einen Abschnitt aus der Zeitung lesen und dies mit dem Diktiergerät aufnehmen. Dann hören Sie sich Ihre Aufnahme an und analysieren Sie anhand der folgenden Punkte:

- Deutlichkeit: Würde auch jemand, der den gesprochenen Text nicht kennt, alles verstehen?
- Sprechtempo: Hört es sich für den Hörer wirklich noch angenehm an – oder lesen Sie zu langsam oder zu schnell?
- Redefluss: Können Sie mit sprecherischen Phrasierungen oder „Sinn-Bögen" den Inhalt des Textes verständlich vermitteln?
- Artikulation: Wissen Sie, wie man alle Konsonanten und alle Vokale richtig ausspricht? Sind Sie unsicher, können an dieser Stelle sprechtechnische oder sprecherzieherische Bücher eine große Hilfe sein.

Vergleiche heranziehen Wenn Sie sich nicht selbst einschätzen können, sollten Sie versuchen, Ihre Sprechweise mit der eines professionellen Sprechers zu vergleichen. Professionelle Sprecher hören Sie immer wieder im Radio, auf Hörbüchern und auch im Fernsehen.

Jeder Mensch kann an seiner Sprechweise arbeiten. Nicht nur ein feines Ohr und ein Faible für Phonetik sind für den Erfolg ausschlaggebend, sondern auch der Wille, dieses Vorhaben mit einer gewissen Disziplin langfristig zu verfolgen.

Dialekt und Hochsprache

Sprechen Sie Hochdeutsch? Sie haben sich nun selbst mit Hilfe der Aufnahme gehört oder wissen vielleicht bereits, ob Ihre Sprache dialektgefärbt ist oder nicht. Vielleicht jedoch gehören Sie zu den Könnern, denen es ein Leichtes ist, gewandt zwischen Dialekt und einer sauberen Hochsprache zu wechseln und den Schalter jederzeit umzulegen. Das hat einen entscheidenden Vorteil: Sie sind dann schon von Haus aus „zweisprachig", haben ein gutes Gefühl für Sprache und eine sehr nützliche phonetische Kompetenz. Zudem verfügen Sie rein sprecherisch über mehrere Möglichkeiten, auf verschiedene Situationen zu reagieren.

In Sachen Dialektfärbung dürfen Sie den Zuhörer nicht außer Acht lassen. Wenn Sie in Stuttgart Schwäbisch oder in Köln Kölsch sprechen, hat es natürlich auf das Gegenüber eine ganz andere Wirkung, als wenn Sie in München Sächsisch oder in Berlin Wienerisch sprechen.

Dialektfärbungen

Wichtig ist zu wissen, welches Ihre „Muttersprache" ist. Ihre „Muttersprache" oder Ihr Mutterdialekt (wenn auch nur als leichte Färbung) steht dem Herzen näher als dem Kopf. Die Standardsprache oder Hochsprache wiederum eignet sich hervorragend, um auf eher neutraler Ebene zu kommunizieren. Geschäftliche Verhandlungen werden folglich eher in der Standardsprache geführt, während man in der Kaffeepause geschickt seine Herkunft sprachlich durchschimmern lässt und auf diese sympathische Weise Kontakte knüpft.

Standardsprache und „Muttersprache"

Dialekt schafft Nähe, während die Hochsprache Neutralität und Professionalität vermittelt. Definieren Sie also für sich selbst, wie Sie wann sprecherisch nach AUSSEN wirken wollen. Ihre Ausstrahlung wird durch diese Bewusstheit einen klareren Ausdruck bekommen.

Nur Sie selbst können wissen, welche Sprache und welche Dialektausprägung zu Ihnen gehören und somit für Sie am authentischsten sind. Tatsache ist, dass es noch niemandem geschadet hat, eine Sprache zusätzlich zu erlernen. Warum also nicht Hochdeutsch lernen, bevor Sie sich zum nächsten Spanisch-Kurs anmelden?

Authentisch bleiben

Schon sehr oft habe ich erlebt, wie Klienten (übrigens jeglichen Alters) sich eine geschliffene Hochsprache angeeignet haben. Und keine Angst: Sie werden Ihren heimischen Akzent nicht verlieren, der ist zu tief in der Zunge und im Herzen verankert. Sie lernen vielmehr mit dem dialektfreien oder dialektreduzierten Hochdeutsch eine neue Sprache dazu.

Haben Sie keine Angst davor, dialektfreies Hochdeutsch zu lernen. Ihr Sprachzentrum wird es schaffen, den eigenen Dialekt und die neu erworbene Hochsprache gleichwertig nebeneinander gedeihen zu lassen. Schließlich vergessen Sie ja auch nicht gleich Ihre Muttersprache, wenn Sie eine Fremdsprache erlernen.

Wie ist es um Ihre Ticks bestellt?

Es gibt noch einen Punkt, der Ihrer charismatischen Sprechweise Steine in den Weg legen kann: nämlich Ihre Ticks. Wenn Sie Ihre Ohren spitzen, werden Sie Ticks bei vielen Menschen aller Couleur finden, in Politik, Bildung, Sport, bei den Schönen und den Reichen, kurz: überall da, wo Menschen sprechen. Die „beliebtesten" Ticks sind:

**Ticks –
eine Übersicht**

- „Äh", „Ehm" und sämtliche Füllwörter, die nicht notwendig sind, um den Sinn dessen auszudrücken, was jemand sagen will,
- aktuelle Lieblingswörter, die man alle paar Sätze verwendet,
- unnötiges Räuspern und Hüsteln (das tut übrigens der Stimme gar nicht gut),
- das künstliche Verstellen der Stimme (weil Sie vielleicht jemanden besonders toll finden, der so spricht und ihn nachahmen möchten) und
- Brummeln – besonders Männer fallen manchmal in eine brummelige Stimmlage, wenn sie sich mehr Gewicht und Wichtigkeit verleihen möchten. Brummeln kann aber auch

eine Müdigkeitserscheinung sein, die dann jeweils gegen Satzende auftritt.

Erachten Sie einen Tick als Ihr Markenzeichen, kann es sinnvoll sein, zu diesem Tick zu stehen, ihn vielleicht sogar zu kultivieren und offensiv zu nutzen, um Charisma auszustrahlen. Aber natürlich können Sie gegen die Ticks auch etwas tun:

Anti-Tick-Strategien

- Feedback und Kontrollieren: Wenn es für Sie bisher gut funktioniert hat, von sich selbst Audio-Aufnahmen zu machen und Ihre akustischen Charisma-Instrumente zu schulen, ist dies auch bei Ticks ein Lösungsweg. Wichtig ist, dass Sie diesmal keinen Text vorlesen, sondern sich frei sprechend aufnehmen. Sie können das Aufnahmegerät mitlaufen lassen, wenn Sie sich mit jemandem unterhalten. Ebenso kann Ihnen das Feedback von Menschen, die Sie und Ihre Art gut kennen, Aufschluss darüber geben, ob Sie einen Tick haben.
- Bewusstsein: Schenken Sie Ihrer Sprechweise mehr Beachtung. Können Sie den Faden behalten und gleichzeitig improvisieren? Oder kommen Sie schnellsprecherisch ins Stolpern, weil Sie sich nicht genau genug überlegt haben, worauf Sie eigentlich hinaus wollen? Wenn Sie zu den Glücklichen gehören, die sich während des Sprechens bereits den nächsten Satz überlegen können, ohne dabei zu stocken und die Lücken mit „Ähs" zu füllen: Herzlichen Glückwunsch! Noch ein Hinweis: Wenn Sie sich aufmerksam live Stellungnahmen von Politikern anhören, werden Sie schnell Könner von weniger perfekten Rednern unterscheiden können.

Feedback, Bewusstsein, Disziplin

- Disziplin: Auch für Ihre Arbeit an der Sprechweise gilt: Sie erreichen langfristig nur dann zufriedenstellende Veränderungen, wenn Sie immer wieder üben und trainieren. Werden Sie aufmerksamer. Bald wird Sie Ihr eigener Tick stören – und wenn es so weit ist, werden Sie ihn auch nicht mehr haben wollen.

Der Tick als Gewohnheit Verwechseln Sie aber nicht bewusst eingesetzte Stil- und Gestaltungsmittel – und dazu können durchaus auch „Ähs" und „Ehms" gehören – oder ein dramatisches Husten oder Brummeln mit einem Tick. Auch hier lautet unser Zauberwort wieder: Bewusst! Ticks können sich erst dann entwickeln und in Ihrem Sprachrepertoire verfestigen, wenn Sie selbst nicht merken, dass sich immer wieder die gleiche Gewohnheit in Ihre Sätze einschleicht.

Seien Sie sich jederzeit bewusst, *WIE* Sie etwas sagen und WAS Sie sagen.

Können Sie sich vorstellen, dass jemand besonders charismatisch auf Sie wirkt, der locker-flockig daherredet, ohne nachzudenken? Können Sie sich einen charismatischen „Schwätzer" vorstellen?

Sprecherische Gestaltungsmittel wirkungsvoll einsetzen

Ein guter Redner kann sein Auditorium und sein Publikum begeistern. Er kann die Leute überraschen, faszinieren. Er zaubert lebendige Bilder in die Köpfe seiner Zuhörer. Natürlich „spricht" sein Körper mit. Das Gewicht und die Ausdrucksmöglichkeiten der Körpersprache kennen Sie ja bereits. Welche Möglichkeiten bietet nun das reine Sprechen, bei einer Rede oder auch nur in einem Gespräch mehr Ausdruck, Präsenz und Charisma entstehen zu lassen?

Ein langweiliger Redner, der seinen Text nur monoton herunterleiert, wird von seinem Publikum weder als besonders präsent, geschweige denn als charismatisch empfunden. Wenn Sie Schwung und eine positive Spannung in Ihre Sprechweise bringen wollen, stehen Ihnen einige Gestaltungsmittel zur Verfügung, die, setzen Sie sie bewusst ein, eine gewaltige Wirkung entfalten.

Fangen wir bei der Melodie an. Den Monoton-Sprechern mangelt es in der Regel an Melodie. Machen Sie sich klar, wie Sie mit der Melodie im Satz logische Bögen schlagen und so den Inhalt unterstreichen können. Die Sprechmelodie verleiht dem Gesagten Leben und transportiert Emotionen. Unterscheiden Sie jedoch zwischen:

Gestaltungsmittel „Melodie"

- dialektbedingter Melodie – die dialektbedingte Melodie erkennen Sie hauptsächlich daran, dass sie auch kleinere „Bewegungen" kennt, das heißt die Melodie im einzelnen Wort, und
- gestalterisch eingesetzter Melodie: Die Melodie, die gestaltet, macht größere Bögen.

Gestaltungsmittel „Betonungen" Mit Sicherheit arbeiten Sie bereits mit Betonungen, um dem gesprochenen Wort eine Struktur zu geben und Akzente zu setzen. Achten Sie darauf, dass Sie nicht zu viele Wörter betonen.

Gestaltungsmittel „Tempo" Sie werden selbst am besten wissen, ob Sie generell eher langsam und ruhig oder aber schnell sprechen. Wenn Sie nicht schon des Öfteren das Feedback bekommen haben, dass Sie zu langsam oder gar einschläfernd sprechen, möchte ich Ihnen nur den einen Tipp geben:

▨ Lassen Sie sich Zeit. Nehmen Sie sich beim Sprechen die Zeit, die Sie brauchen. Dazu müssen Sie Ruhe bewahren. Denn nicht nur die Atmung wird von Nervosität hochgejagt, auch das Sprechtempo!

Gestaltungsmittel „Pausen" Pausen sind das wohl am meisten unterschätzte Gestaltungsmittel. Dabei sind Pausen so wichtig! Und das gleich in mehrfacher Hinsicht:

▨ Einerseits ist der vermehrte Einsatz von Pausen das effektivste Mittel, um ein zu schnelles Sprechtempo zu drosseln.
▨ Andererseits können Sie mit gezielt eingesetzten Pausen Ihrer Rede eine Struktur verleihen, dramatische Höhepunkte definieren und nicht zuletzt dem Hörer eine Verschnaufpause schenken.
▨ Für Sie selbst können Pausen wahre Rettungsinseln sein, auf denen Sie sich erden und sich neu organisieren und sortieren können. Und manchmal finden Sie dann sogar den verlorenen Faden unauffällig wieder.

Nutzen Sie also die Pausen, um Ihre Atmung zu kontrollieren und sie gegebenenfalls wieder zu senken.

Gestaltungsmittel „Stimme und Stimmsitz" Wer bewusst seine Stimmfarbe verändern kann, um kurzen Passagen mehr Bedeutung zu geben oder auch um verschiedene Figuren oder Themen vorzustellen (zum Beispiel bei der

Wiedergabe direkter Rede oder bei Zitaten), der darf sich glücklich schätzen. Denn das erfordert etwas schauspielerisches Talent und macht eine Rede abwechslungsreich und spannend. Doch Vorsicht: Achten Sie immer darauf, dass Sie Ihrer Stimme wohl tun. Alles, was sich unangenehm anfühlt oder wovon Sie heiser werden, sollten Sie unterlassen.

Das Ziel einer gepflegten Artikulation ist es immer, gut verständlich zu sein. Sie können aber auch ein bestimmtes Wort hervorheben und zusätzlich betonen, indem Sie es besonders sorgfältig artikulieren.

Gestaltungsmittel „Artikulation"

Damit sind die großen inhaltlichen Bögen gemeint, die in der Melodie hörbar werden. Diese Bögen machen die Struktur eines Textes hörbar – etwa durch das Senken der Melodie zum Ende eines Satzes oder Abschnittes oder durch das Heben der Melodie bei Spannungsmomenten. Wichtig ist, diese inhaltlichen Bögen bei Reden gut zu verinnerlichen. Sie werden Ihnen helfen, den Faden nicht zu verlieren.

Gestaltungsmittel „Phrasierung"

Wenn Sie jemals einem Kind eine spannende Geschichte erzählt haben, wissen Sie, wie Sie mit verschiedenen Lautstärken das Gesprochene gestalten können. Durch das Erheben der Stimme etwa wirken Sie bestimmter. Aber Vorsicht, eine zu laute Stimme wirkt unhöflich, wenn nicht sogar aggressiv. Mit einer leiseren Stimme können Sie einen Text geheimnisvoll gestalten oder ruhigeren Passagen besondere Wichtigkeit verleihen. Verwenden Sie aber Extreme – wie das sehr leise oder sehr laute Sprechen – nur punktuell. Insgesamt sollte Ihre Rede auf eine natürliche Weise in einer für Sie und den Zuhörer angenehmen Lautstärke gehalten werden.

Gestaltungsmittel „Lautstärke"

Auch bei den sprecherischen Gestaltungsmitteln kommt es auf das rechte Maß an. Verwenden Sie ein bestimmtes Mittel zu oft, nutzt es sich ab. Gewicht können Sie zum Beispiel einer Rede dann verleihen, wenn Sie diese Mittel sporadisch, gezielt und

Das rechte Maß wahren

ganz und gar bewusst einsetzen. Wenn Sie dasselbe Gestaltungsmittel immer wieder verwenden, wird Ihre Rede eher an Wirkung verlieren.

Natürlich bleiben Achten Sie darauf, dass Ihre Rede bei aller Gestaltung immer natürlich bleibt. Vermeiden Sie es, einstudierte Passagen einfach aufzusagen, das ist langweilig und lässt Sie zudem unglaubwürdig erscheinen. Versuchen Sie, auch auswendig gelernte Texte mit Leben zu füllen.

Verwenden Sie sprecherische Gestaltungsmittel immer bewusst und setzen Sie sie gezielt ein. Nur wenn Sie sie maßvoll einsetzen, erreichen Sie die gewünschte Wirkung. Zu oft benutzt, verlieren sie ihre Kraft und können sich zu Ticks entwickeln, die Sie vermeiden wollen.

Ihre Aktivität ist gefragt: Analysieren Sie Ihre Charisma-Instrumente

Markieren Sie bitte in der nachfolgenden Liste die Charisma-Instrumente, die für Sie am wichtigsten sind, mit einer Farbe. Diese Elemente gilt es zu kultivieren.

In einem zweiten Schritt markieren Sie mit einer anderen Farbe jene Charisma-Instrumente, aus denen Sie noch mehr herausholen können und an denen Sie noch besonders arbeiten wollen.

Für beide Schritte nehmen Sie sich bitte genügend Zeit.

Ihre optischen Charisma-Instrumente:

- Kleidung, Accessoires, Brille
- Frisur, Make-up, Bart
- Individueller Stil allgemein
- Körperspannung
- (Aufrechter) Stand, Gang

- Gestik
- Mimik, Lächeln

Ihre akustischen Charisma-Instrumente:
- Stimme, Sprechstimmlage
- Resonanz, Lautstärke
- Sprechen, Deutlichkeit, eventuell Sprachfehler
- Dialekt oder Hochsprache
- Ticks
- Sprecherische Gestaltungsmittel

Erstellen Sie einen Aktionsplan
- Fangen Sie am besten mit denjenigen Instrumenten an, die Sie für sehr wichtig halten, bei denen Sie aber zugleich einen Optimierungsbedarf sehen.
- Worauf möchten Sie in Zukunft besonders achten?
- Welche (der hier im Buch aufgelisteten) Übungen passen am besten zu Ihren Bedürfnissen?
- Wie können Sie diese in Ihren Alltag einbauen?

6. Die charismatische Quintessenz

Sie verfügen nun mit den
optischen und den akustischen
Charisma-Instrumenten über
ein Handwerkszeug, mit
dem Sie Ihr Bild, das Sie
nach AUSSEN abgeben,
optimieren und charisma-
tischer gestalten können.
Doch die optischen und akustischen Aspekte allein genügen
noch nicht, um charismatisch zu wirken. Sie machen zwar gewisse Elemente der Ausstrahlung sichtbar oder hörbar, aber
Charisma an und für sich braucht diese Seiten nicht, zumindest
nicht immer.

In diesem abschließenden Kapitel werden Sie den direktesten,
den unmittelbarsten und schnellsten, aber auch für einige den
schwierigsten Weg zum eigenen Charisma kennen lernen.

Der unsichtbare Draht zum Gegenüber

Gerne spricht man von der gleichen „Wellenlänge", auf der man mit einer Person schwimmt – oder eben nicht. Bestimmt haben Sie das in Ihrem Leben schon erlebt: Zu manchen Menschen hat man einfach einen „Draht", zu anderen will trotz aller Bemühungen kein sympathischer Kontakt entstehen.

Wenn Sie mehr Charisma aussenden möchten, müssen Sie Ihre Strahlen, Ihre Energiewellen bewusst und wohlwollend zu Ihrem Empfänger schicken, sei dies nun ein großes Publikum oder nur eine einzelne Person. Es handelt sich dabei genau um die Strahlen, die Sie kennen, wenn eine gleiche Wellenlänge entsteht oder Sie ein „Draht" mit dem Gegenüber verbindet.

Energiewellen und Strahlen

So kann Ihr INNEN sich ohne Umwege über die Instrumente mit dem AUSSEN verbinden. Direkt – um bei unserem Radio-Beispiel zu bleiben – von der Redaktion zur Hörerschaft, ohne Radiogerät. Im wahrsten Sinne des Wortes: mittels reiner *Ausstrahlung*.

Mit reiner Ausstrahlung auf einer Wellenlänge

Diesen „Draht" zu anderen Menschen (oder eben die gleiche Wellenlänge) können Sie in der Charisma-Arbeit als Wegweiser für Ihre Ausstrahlung begreifen. Ich lade Sie ein, sich vorzustellen, dass Sie – wie eine Glühbirne – Strahlen aussenden: Strahlen Ihrer persönlichen Energie, Strahlen, die das Produkt Ihres INNEN sind und die bewusst nach AUSSEN, zum Empfänger, gesendet werden.

Draht zu anderen Menschen

Die Innenwelt als Quelle der Strahlen oder Wellen

Sie haben bereits beim Thema Resonanz und Lautstärke erfahren, dass Schwingungen entstehen, die Ihre Stimme in den Raum hinaustragen. Bei der Resonanz entstehen sie durch die feine Vibration des Körpers. Stellen Sie sich nun vor, Ihr Charisma ist genau die Energie dieser Strahlen – oder aber Wellen –, die Sie direkt aussenden können. Die Ausstrahlung braucht nicht wie die Stimmresonanz eine körperliche Vibration, Sie braucht lediglich das INNEN als Quelle und die Intention, aussenden zu wollen.

Charisma kommt *immer* aus Ihrem INNEN und strahlt nach AUSSEN. Die Charisma-Instrumente fungieren als Transportmittel. Doch die reine charismatische Ausstrahlung ist nicht auf diese Instrumente angewiesen. Was Ihre Ausstrahlung direkt und ohne Instrumente aktiviert, ist die Intention.

Unsichtbaren Draht installieren Doch wie gelingt es, diesen unsichtbaren „Draht" zu Ihrem Gegenüber zu installieren? Am wichtigsten für den unmittelbaren Einsatz der Ausstrahlung ist Ihr INNEN. Werden Sie sich klar darüber, *ob* und *was* Sie ausstrahlen möchten. Zusätzlich können Sie sich an folgenden Ideen orientieren, die ein klares Aussenden Ihres Charismas begünstigen.

Günstige Faktoren
- Versuchen Sie, auf alle Menschen vorurteilsfrei und respektvoll zuzugehen.
- Sehen Sie den Menschen als solchen – und nicht als das Problem, das Sie vielleicht miteinander haben.
- Suchen Sie die Gemeinsamkeiten, die Sie mit dem Gegenüber verbinden, und nicht die Unterschiede – und schon gar nicht die Konflikte.

Was aber, wenn Ihr INNEN so gar nicht bereit ist, einen wohlwollenden „Draht" zum Gegenüber zu legen? Was, wenn ein Konflikt bereits zu dominant geworden ist und die eigene Stimmung den Tiefpunkt erreicht hat? Fragen Sie sich zunächst: Handelt es sich bei dem Problem lediglich darum, dass Sie Schwierigkeiten mit einer bestimmten Person haben, dann sollten Sie die Übung „Beziehung zum unsympathischen Gegenüber aufbauen" absolvieren.

An anderer Stelle habe ich Ihnen empfohlen, zuweilen Ihr INNEN zu klären, darin aufzuräumen. Als Hilfestellung bei größeren Problemen mit dem AUSSEN kann ich Ihnen jegliche Art von Entspannungsübung ans Herz legen; fast alle Atemübungen in diesem Buch eignen sich dazu, aber auch die Wurzelübung. Das Prinzip ist stets ein ganz einfaches: Die tiefe Entspannung lässt keine negativen Gefühle zu.

Negative Gefühle vermeiden

Es ist wichtig, dass Sie Ihre negativen Gefühle zu positiven „umprogrammieren".

Erinnern Sie sich bitte an eine Situation, in der Sie sehr wütend waren. Wenn Sie Ihren Emotionen nicht gleich freien Lauf gelassen haben und losgestürmt sind, um jemanden zu verprügeln, ist es Ihnen wahrscheinlich gelungen, sich wieder zu beruhigen. Dies ist für manche Menschen schwieriger als für andere. Tatsache ist: Als Sie wieder ruhiger wurden, hatte die Wut an Kraft verloren – ganz gleich, wie viel Zeit und Aufwand dafür nötig gewesen waren. Vielleicht hatte sie sich sogar ganz auflösen können. Daher ist es immer hilfreich, nach schwierigen Situationen „eine Nacht darüber zu schlafen".

Tiefe Entspannung lässt keine negativen Gefühle zu. Für eine einwandfrei funktionierende energetische Autobahn zu Ihrem Gegenüber merken Sie sich vor allem eins: *Mögen Sie die Menschen!* Dann wird das Charisma nur so aus Ihnen herausströmen.

Authentizität und Präsenz: Jetzt ganz da sein

Was hat es damit auf sich, dass heute jeder authentisch sein will? Sind denn nicht alle Menschen von Natur aus authentisch? Leider nicht – wir sind in den letzten Jahren und Jahrzehnten geradezu mit Shows und gekünsteltem Gehabe bombardiert worden, die dies belegen.

Authentizität und Echtheit

Wenn Sie den Begriff Authentizität nachschlagen würden, wäre das Ergebnis Ihrer Suche relativ eindeutig: Authentizität meint Echtheit und Rechtsgültigkeit.

Sie selbst sein Ich gehe davon aus, Sie möchten echt sein, Sie selbst durch und durch sein. Sich nicht verstellen und nicht die Vorstellung von jemand anderem erfüllen müssen. Das ist der wichtigste Schritt auf dem Weg zu mehr Authentizität, und folglich zu einer charismatischen Ausstrahlung. Sie haben es nicht nötig, andere zu imitieren. Haben Sie den Mut, Sie selbst zu sein!

Nun möchte ich Ihnen einige provokative Fragen zu dieser Echtheit stellen:
- Sind Sie immer authentisch?
- Wann muss sich Ihre Authentizität Fremdeinflüssen beugen?
- Was ist es für ein Gefühl, authentisch zu sein?

Kein Wert an sich Wenn Ihre Antworten auf diese Fragen nicht *ja, nie* und *fantastisch* lauten, befinden Sie sich in guter Gesellschaft. Denn

gibt es nicht immer wieder Situationen, in denen wir schlech-
terdings keine Authentizität verlangen können? Ist Authentizität ein Wert an sich?

Authentizität – ist diese immer möglich?

Immer wieder schlägt das Leben unverhofft zu, stellt einen mit kleinen und großen Katastrophen auf die Probe. Wie reagiert in so einer
Krisensituation ein Mensch, der durch und durch authentisch und
echt sein will? Ein von der privaten Katastrophe getroffener Mensch,
der gleich öffentlich eine fröhliche Nachricht verbreiten muss? Vielleicht ist er ein Politiker, der gerade die Diagnose „Krebs" erhalten hat
und seinem Land verkünden soll, dass es die nächste Olympiade
ausrichten darf? Oder es handelt sich um die Königin, die vor zehn
Minuten von den Affären ihres Mannes erfahren hat und nun die
Hochzeit ihrer Tochter bekannt geben muss.
Können diese Personen noch authentisch sein? In diesem Fall müssten
sie ihren privaten Emotionen nachgeben und schluchzend vor einem
Millionenpublikum zusammenbrechen.
Oder können wir auch dann von einem authentischen Auftritt spre-
chen, wenn sie ihren Schmerz hinunterschlucken und lächelnd die
Contenance bewahren?

Diese provokativen Beispiele habe ich gewählt, um klar zu
machen, dass man natürlich Authentizität in einem größeren
Zusammenhang sehen muss. Selbstverständlich können Sie
auch einmal müde oder unglücklich sein und trotzdem mit
einem authentischen Lächeln vor Ihr Publikum, Ihr Gegenüber oder die Presse treten.

**Authentizität
und Show**

Die Frage ist: Wie können Sie es schaffen, genau das, was Sie
ausstrahlen möchten, auch ehrlich und authentisch nach

AUSSEN zu senden, selbst wenn Ihnen INNEN gar nicht danach ist?

Klares und neutrales INNEN Die Lösung ist simpel und gleichzeitig anspruchsvoll: Sie müssen in einem ersten Schritt Ihr INNEN so weit wie möglich von
den schwierigen, traurigen oder negativen Emotionen befreien.
Ihr INNEN muss neutral und klar werden.

Das Positive suchen Um – trotz Katastrophenstimmung – ein authentisches Lächeln zeigen und eine positive Ausstrahlung haben zu können,
müssen Sie im zweiten Schritt Ihr neutrales, geklärtes INNEN
mit etwas Positivem füllen.

....

**Authentisch auftreten bedeutet, das eigene INNEN nach
AUSSEN zu vertreten. Mit etwas Training können Sie Ihr
INNEN verändern und ganz nach Ihren Wünschen gestalten.
Folglich ist es möglich, alles, was Sie wollen, authentisch nach
AUSSEN zu vertreten und auszustrahlen.**

....

Der gespielte Betrunkene

Ein guter Schauspieler muss auch dann spielen und vielleicht den
Komiker geben können, wenn private Katastrophen passiert sind. Er
muss immer authentisch sein in seinen Rollen, sonst nimmt ihm
das Publikum die Figur nicht ab. Er weiß, dass er sich in die Rolle
hineindenken, also sein INNEN verändern und anpassen muss.

■ Wenn er zum Beispiel einen Betrunkenen spielen muss, wird er sich
darauf konzentrieren, sich in einen Betrunkenen hineinzudenken
und zu fühlen. Das Resultat würde sein, dass er versucht, den miss-
lichen Umstand des Betrunken-Seins möglichst zu verbergen.
Das wirkt echt und authentisch.

Ein schlechter Schauspieler hingegen kümmert sich zu wenig um das INNEN der darzustellenden Rolle. Er geht von den Äußerlichkeiten aus.

▨ Er spielt den Betrunkenen nur, er taumelt und torkelt, ohne dass sein INNEN wahrhaft beteiligt ist. Das lässt den Zuschauer skeptisch werden. Vieles ließe sich hinter dem Gebaren seiner Figur vermuten, aber nicht, dass sie betrunken ist.
Und das wirkt ganz und gar nicht authentisch.

Eine Show kann also ebenso dilettantisch sein wie auch authentisch und wirkungsvoll. Für Sie heißt das: Sie können jederzeit mit sich selbst ausmachen, welches INNEN Sie vertreten und nach AUSSEN vermitteln wollen.

Da sein mit Körper, Geist und Seele

Ihnen steht überdies ein weiteres effektives Hilfsmittel zur Verfügung, das Ihr Charisma auf Knopfdruck um ein Vielfaches vergrößert: die Präsenz. Wer nicht präsent ist, wird schnell übersehen. Sie können nicht Präsenz vermitteln, wenn Sie sich eigentlich verstecken möchten.

Präsenz ist zudem eine wichtige Voraussetzung für die charismatische Ausstrahlung. Präsent sein heißt in erster Linie da sein, so simpel es auch klingen mag. Mit *da sein* meine ich aber nicht Ihre reine physische Anwesenheit, sondern ich meine: ganz und gar da sein, mit Körper und Geist und Seele.

Präsenz zeigen

Wenn Sie dem Begriff „Präsent sein" auf den Grund gehen möchten, hilft wieder ein Blick auf die Wortherkunft. Die Stichpunkte lauten: „gegenwärtig, anwesend, zur Hand".

„Präsent" kommt von „praesens", dem lateinischen Wort für Gegenwart. Wenn Sie präsenter wirken möchten, versuchen Sie, mit Ihrer ganzen Aufmerksamkeit im Moment zu sein und sich nicht ablenken zu lassen. Begegnen Sie allem, was auf Sie zu kommt, mit Interesse und Aufmerksamkeit.

Präsenz:
Jetzt da sein

Präsent sein können Sie am besten, wenn Sie *da* sind – und zwar *jetzt!* Solange Sie noch abgelenkt sind von Gedanken an die anstrengende Sitzung vom Vormittag oder sogar schon über die Abendplanung für morgen sinnieren, können Sie unmöglich maximal präsent sein.

Aufmerksame
Augenblicke

Mit *jetzt da sein* meine ich auch, dem Moment alle Aufmerksamkeit zu schenken. Ganz beim Gespräch mit meinem Gegenüber zu sein. Ganz im Thema des Vortrags aufgehen. Sie werden staunen, wie die Leute Sie plötzlich wahrnehmen!

Natürlich ist das nicht immer einfach. Der Alltag lässt es nicht immer zu, dass man sich ganz auf den Moment konzentrieren kann. Doch allein wenn Sie den Versuch starten, werden Sie einen gewissen Effekt auf Ihre Präsenz erzielen.

Sie sollten sich ergänzend an den äußeren Aspekten der Präsenz orientieren. Dazu erhalten Sie nun ein paar Tipps, wie Sie sofort präsenter nach AUSSEN wirken – und sich damit in Ihrer Innenwelt auch präsenter und souveräner fühlen:

Äußere Aspekte der Präsenz

- Stehen Sie aufrecht, sicher und geerdet. Eine aufrechte Haltung signalisiert Aufmerksamkeit und Wachheit: „Ich bin da!"
- Fühlen Sie sich wohl im eigenen Körper. Achten Sie auf Kleidung, in der Sie sich gut und attraktiv fühlen. Die Schuhe sollten bequem sein und einen sicheren Stand ermöglichen. Manchmal kann ein gelungener Besuch beim Friseur Ihre Präsenz geradezu verdoppeln.
- Versuchen Sie, für Ihren Körper eine Balance zwischen dosierter, engagierter Spannung und angenehmer Entspannung zu finden.

  Balance finden

- Bewegen Sie sich in Ruhe und souverän. Hektik wird Ihnen immer Präsenz nehmen. Denken Sie daran: Ihr Körper soll Ihrem Geist nicht hinterherhinken. Nehmen Sie den Körper immer mit.
- Nehmen Sie den Raum um sich herum bewusst wahr und bauen Sie eine Beziehung zu ihm auf.
- Wenn Sie die Möglichkeit dazu haben, halten Sie sich in dem Raum, den Sie mit Präsenz füllen wollen, eine Weile auf, freunden Sie sich mit ihm an und „schnuppern" Sie seine Atmosphäre.
- Versuchen Sie, zu Ihrem Gegenüber oder zu Ihrem Publikum eine sympathische Verbindung aufzubauen. Das kann mit einer ganz bodenständigen Begrüßung mit Handschlag passieren oder, falls Sie sich allein vorbereiten möchten oder müssen, mit einer Visualisierungsübung.

Keine Angst vor Nervosität

Versuchen Sie unbedingt, Lösungen gegen die eigene Nervosität zu finden. Ein gewisses Lampenfieber ist Ihrer Körperspannung durchaus zuträglich, wobei sehr starke Nervosität Ihnen jedoch Präsenz nehmen kann.

Gesunde Nervosität: erwünscht

Eine gesunde Nervosität vor wichtigen Ereignissen ist vollkommen normal. Viele Profis des öffentlichen Auftretens behaupten, sofort aufhören zu wollen, wenn sie vor dem großen Auftritt keinerlei Nervosität mehr verspüren. Das Kribbeln im Bauch, das hoffnungsvolle, vorfreudige Erwarten – das gehört einfach dazu.

Diese Art der Nervosität lässt das Adrenalin im Körper heftig zirkulieren und fördert die Konzentration und die Präsenz. Diese gute, konstruktive Nervosität bedeutet: „Ich kann es kaum abwarten, hoffentlich komme ich wieder so gut an, wie beim letzten Mal!"

Charisma-Killer Angst

Doch leider gibt es daneben auch eine destruktive Art der Nervosität. Sie lässt den Körper zittern, die Atmung in den Brustraum steigen und flach werden, die Stimme zu hoch werden und flattern. Kein schönes Gefühl. In dieser Situation kann man mehr von Angst sprechen als von Nervosität. „Ich bin schlecht vorbereitet und der fiese Journalist sitzt in der ersten Reihe" – so die Bedeutung jetzt.

Angst ist für Ihre Wirkung nach AUSSEN das Schlimmste, das passieren kann.

Strategien gegen die Nervosität

Ob Sie nun eine wichtige Präsentation fürs Geschäft planen, eine öffentliche Rede halten oder eine Ansprache fürs Fernsehen: Nervosität ist und bleibt Nervosität und verhindert, dass

Sie charismatisch ausstrahlen können. Die folgenden Vorschläge, die Nervositätsverursacher im Zaum zu halten, können Sie in vielen Situationen einsetzen – auch vor einem Vorstellungsgespräch oder dem Toast zum Jubiläum des Großvaters:

■ Für einen Vortrag, eine Präsentation oder eine Ansprache gewinnen Sie an Sicherheit, wenn Sie den Auftritt üben und für sich durchspielen. Bitten Sie zum Beispiel eine Person Ihres Vertrauens, als Test-Publikum zu fungieren. Arbeiten Sie je nach Bedarf mit Audio- oder Video-Aufnahmen. Stoppen Sie dabei die Zeit. So kommen Sie nicht in die unangenehme Situation, Ihren Auftritt maßlos zu überziehen.

Strategien für den Vorabend

■ Bereiten Sie die Unterlagen, die Sie benötigen, ordentlich vor.
■ Wer ist Ihr Auditorium? Erkundigen Sie sich und machen Sie sich ein Bild.
■ Checken Sie unbedingt die Funktionsfähigkeit Ihrer technischen Hilfsmittel (Beamer ausprobieren, Mikrofon testen). Falls notwendig, lassen Sie sich in Sachen Technik assistieren.
■ Schlafen Sie ausreichend, essen Sie nicht zu schwer und trinken Sie keinen Alkohol.
■ Versuchen Sie, möglichst entspannt am Ort des Geschehens oder Ihres geplanten charismatischen Wirkens anzukommen. Legen Sie sich ein kleines Beruhigungs-Ritual zu. Dazu kann Musik gehören, oder Sie gehen noch einmal kurz an die frische Luft.

Strategien kurz vor dem Start

■ Lockern Sie Ihren Körper. Machen Sie einen Spaziergang oder ein paar gezielte Lockerungsübungen: hüpfen, Körper ausschütteln, dehnen.
■ Bereiten Sie den Raum vor, in dem Sie gleich wirken werden. Dazu gehört, sich davor darin aufzuhalten, zu lüften, die Lichtverhältnisse zu kontrollieren, eventuell Stühle und Tische auszurichten.
■ Um alle eventuellen Stolpersteine aus dem Weg zu räumen, checken Sie die Technik unbedingt noch einmal. Spielen Sie einen kurzen „Trockenablauf" Ihres Auftritts durch. Sollten

Sie nicht die Möglichkeit haben, dies am Originalschauplatz zu tun, genügt ein mentaler Durchlauf in Ihrem Kopf.

■ Legen Sie früh den Draht zum Auditorium: Begrüßen Sie die Menschen, schaffen Sie imaginär eine Verbindung, etwa mit den Übungen „Verbinden Sie sich mit anderen Menschen" und „Vergrößern Sie Ihren persönlichen Raum".

Übungen nutzen ■ Spannen Sie imaginär den Bogen über Ihren Vortrag oder Ihr Gespräch; so bleiben Sie strukturiert und kommen nicht in Atemnot.

■ Erden Sie sich (mit der Wurzelübung), das hält den Atem tief und gibt Ihnen mehr Ruhe.

■ Führen Sie sich intensiv den idealen, gelungenen Vortrag vor Augen. Nutzen Sie dazu die Übung „Das Gelingen visualisieren".

■ Finden Sie Ihr individuelles Notfallmittel, etwa Schokolade, Traubenzucker oder Notfalltropfen.

■ Genehmigen Sie sich ausreichend frische Luft.

Auch hier ist für die Person A die eine Strategie ein Zaubermittel gegen Nervosität, während sie für Person B keine positiven Folgen hat. Finden Sie heraus, wie Sie sich am schnellsten und effektivsten beruhigen und in eine positive Stimmung versetzen können.

Alternative Es gibt zudem einige alternative und komplementärmedizini-
Methoden sche Methoden, um Angst in den Griff zu bekommen:

■ Shiatsu: Diese sehr angenehme Methode können Sie bei ständiger Nervosität nutzen, am besten mit einem Shiatsu-Therapeuten Ihrer Wahl.

■ Yoga: Viele gehen gerne in Kurse, andere lesen Bücher darüber. Das Tolle an Yoga ist: Sie können es auch allein zu Hause praktizieren, ob Sie nun gezielte Übungen regelmäßig oder punktuell anwenden.

■ Qigong oder Tai-Chi: Wer gerne für sich allein Übungen zu diesen beiden Bewegungslehren machen möchte, sollte trotzdem als Anfänger zuerst einen Kurs besuchen, um Sicherheit in den Bewegungsabläufen zu erlangen.

Selbstverständlich können Sie sich beraten lassen, um zu erfahren, ob Methoden oder Mittel wie Homöopathie, Schüssler Salze, Bachblüten oder Beruhigungstees für Sie von Nutzen sind. Beachten Sie stets, dass Sie die jeweilige Wirkung solcher Hilfsmittel auf Ihren Körper mindestens einmal ausprobieren sollten, bevor Sie solch ein Mittel an Ihrem „großen (Auftritts)Tag" einsetzen. Denn jeder reagiert etwas anders auf sie, und schließlich wollen Sie ja nicht am Rednerpult einschlafen.

Ausprobieren, was hilft

Ins Gelingen verliebt sein

Bestimmt ist Ihnen schon einmal empfohlen worden, positiv zu denken, um Ihre Nervosität in den Griff zu bekommen oder Herausforderungen zu bestehen. Aber keine Sorge: Ich will Sie mit keinem weiteren *Think positive!* langweilen. Ich möchte Ihnen jedoch den folgenden praxisorientierten Rat ans Herz legen:

Gehen Sie bei all Ihren Vorhaben vom Gelingen aus!

Wer ans Gelingen glaubt, hat schon halb gewonnen

Zur Illustration rufen Sie sich „den Klassiker" ins Gedächtnis: Der kleine Max soll das Fahrradfahren erlernen. Er kann sich aber beim besten Willen nicht vorstellen, wie um alles in der Welt es ihm jemals gelingen soll, auf zwei Rädern die Balance halten zu können, geschweige denn sich auch noch darauf fortzubewegen. Sorgenvoll nimmt er sein Unternehmen in Angriff, und dabei ruft ihm auch noch seine überängstliche Mutter regelmäßig Warnungen vor allen möglichen Gefahren zu: „Max, pass ja auf ..." Der arme Max sieht sich schon mit geschientem Arm und aufgeschlagenen Knien im Krankenbett liegen. Sein Scheitern ist vorprogrammiert.

Der gleichaltrige Peter hat mehr Glück. Bereits als er sein neues Fahrrad bekommt, sieht er sich in seiner Fantasie durch die Gegend radeln. Die Vorfreude über seine neuen mobilen Möglichkeiten beflügelt ihn dazu, sich gleich mutig auf sein Fahrrad zu schwingen und es auszuprobieren. Peters Mutter hat volles Vertrauen zu ihrem Sohn. Peter stellt sich vor, wie „es" ihm gelingt, und die Sicherheit gebende Mutter trägt ihren Teil dazu bei, dass er das Fahrradfahren sehr schnell erlernt.

Wer vom Scheitern ausgeht oder ständig an sich zweifelt, wird nicht präsent sein und nie optimal Charisma ausstrahlen können.

Sie werden wahrscheinlich aus Erfahrung wissen, wie toll es sich anfühlt, wenn Sie selbstsicher, gut vorbereitet und voller Freude an eine Sache herangehen. Und wie man sich fühlt, wenn man unvorbereitet, verschreckt und ängstlich eine Herausforderung bewältigen muss.

Visualisierungen nutzen Natürlich hat man nicht immer die Zeit, sich intensiv vorzubereiten, und nicht immer geht man freiwillig, geschweige denn freudig an ein Projekt heran. Die Kraft der Bilder in Ihrer Vorstellung, Ihre visualisierten Erfolge und Ihre Körpererinnerung werden Sie aber dabei unterstützen, Ihre Ziele zu verwirklichen.

Die folgende Übung eignet sich besonders zur Vorbereitung auf ein wichtiges Gespräch, einen Vortrag, eine Präsentation und überhaupt auf jegliche Form des öffentlichen Auftritts.

Übung: Das Gelingen visualisieren

- Setzen oder legen Sie sich bequem hin und schließen Sie die Augen. Kommen Sie zur Ruhe und lassen Sie Ihre Atmung immer tiefer sinken. Die Gedanken Ihres Alltags lassen Sie gehen und Sie kommen voll und ganz in Ihrem Körper an. Atmen Sie einige Male tief ins Becken. Versuchen Sie bei jedem Ausatmen, alles, was Angst oder Unsicherheit ist, durch Ihre Füße an den Boden abzugeben.
- Bei jedem Einatmen können Sie nun wieder über die Füße Kraft, Ruhe und Zufriedenheit aus dem Boden in Ihren Körper hineinziehen.
- In dieser gelassenen, zufriedenen Stimmung konzentrieren Sie sich nun auf Ihr Vorhaben. Sehen Sie sich selbst vor Ihrem inneren Auge, wie Sie voller Freude und Energie an Ihr Vorhaben herangehen. Sehen Sie, wie Ihnen alles leicht von der Hand geht und wie Sie wohlwollend aufgenommen werden.
- Während Sie sich diese erfreulichen Situationen vorstellen, versuchen Sie, die Resonanz darauf in Ihrem Körper zu spüren. Vielleicht als angenehme Wärme im Bauch, vielleicht als vorfreudiges Kribbeln. Lassen Sie den kompletten Anlass wie einen Film des Erfolgs vor Ihrem inneren Auge ablaufen.
- Schließen Sie diese Visualisierungsübung mit dem herzlichen Applaus des Publikums oder dem dankbaren Händedruck der zufrieden lächelnden Kollegen ab. Öffnen Sie wieder die Augen und bringen das Körpergefühl der Übung mit ins Hier und Jetzt.

Die Charisma-Formel

Endlich ist es an der Zeit für die Formel, die ich Ihnen am Anfang dieses Buches versprochen habe. Mittlerweile haben Sie
einen wahrlich exquisiten Kochkurs hinter sich und sind bereit
für das Rezept! Da Sie bereits einiges über die einzelnen Ingre-
dienzien wissen und diese in Übungen ausprobieren konnten,
brauche ich Ihnen deren jeweilige Wirkung nicht weiter zu
erläutern. Lassen Sie die Formel einfach auf sich wirken:

Was bedeutet das für Sie? Sie werden feststellen, dass die Wirkung dieser Elemente durch ihre Kombination um ein Vielfaches verstärkt wird und sich so auch verändert. Wenn Sie jedes Element für sich betrachten, stärken und einsetzen, erzielen Sie auch eine gewisse Wirkung. Aber diese entfaltet sich erst in ihrer ganzen Pracht, wenn Sie sie miteinander kombinieren.

Synergien herstellen

Wenn Sie charismatisch ausstrahlen wollen, dann bringen Sie unbedingt folgenden Dingen die nötige Aufmerksamkeit entgegen:

Aufmerksamkeit schenken

- Sich selbst: Seien Sie sich bewusst, was sich momentan in Ihrem INNEN bewegt. Falls Sie sich noch nicht rundum wohl fühlen mit Ihrer Innenwelt, klären Sie Ihr INNEN. Was ist Ihr Ziel? Was wollen Sie vermitteln oder bewirken? Auch Ihr Körper verdient es natürlich, dass Sie ihm Aufmerksamkeit entgegenbringen.
- Gegenüber, Auditorium, Publikum: Auf wen soll Ihre charismatische Ausstrahlung gerichtet werden? Wer ist Ihr Gegenüber? Ist es eine einzelne Person, sind es mehrere Personen, und wenn ja, wie viele? Was geht in den Leuten vor? Versuchen Sie, sich in sie hinein zu fühlen.
- Raum: Nehmen Sie wahr, wie es um den Raum bestellt ist, in den Sie ausstrahlen wollen. Der Raum soll zu Ihrem *persönlichen Raum* werden, die Schwingungen darin zu Ihren eigenen Schwingungen werden. Diese sind Ihr Charisma, das Sie nur noch einzuschalten brauchen!

Machen Sie sich klar, was Ihre Ziele sind. Seien Sie sich bewusst, wer Sie sind und was Sie ausmacht. Versuchen Sie nicht, jemanden zu imitieren. Machen Sie sich klar, dass ein unsicheres oder unklares INNEN in der Wahrnehmung der Außenwelt vor allem Skepsis erzeugt. Halten Sie guten Kontakt zu Ihrem INNEN, arbeiten Sie damit. So werden Sie glaubwürdig vertreten können, was Sie vermitteln wollen, ohne Opfer der eigenen

Authentisch sein

Emotionalität zu werden. Behalten Sie die Zügel in der Hand und trauen Sie sich, echt zu sein.

Präsenz zeigen Die Präsenz ist der eigentliche Lichtschalter, mit dem Sie Ihr Charisma einschalten und dosieren können. Kommen Sie mit Ihren Gedanken ins Hier und Jetzt. Alles, was Sie aus der Situation reißt, die jetzt ist, nimmt Ihnen Präsenz. Präsenz bedeutet überdies, den Raum einzunehmen, den Sie füllen können.

Das synchrone Zusammenspiel dieser drei Elemente erzeugt eine Schwingung, die wir Charisma nennen!

Viele charismatische Menschen bekleiden Führungspositionen. Charisma, also die besondere Ausstrahlungskraft, hat immer eine außergewöhnliche Wirkung auf das Umfeld. Charismatischen Menschen gelingt es, andere zu begeistern und um sich zu scharen. Charisma ist eine mächtige Kraft. Für das Umfeld ist das Besondere des charismatischen Menschen oft schwer erklärbar und fassbar, ihm haftet etwas Magisches an. Und darum gilt:

Charisma bringt Verantwortung mit sich.

Verantwortung, die von vielen Charismatikern in der Weltgeschichte und auch heute nicht oder zu wenig wahrgenommen wurde und wird. Die Auswirkungen waren und sind fatal.

Verantwortung und Charisma Wenn Sie aber immer wieder Ihr INNEN auch nach ethischen Gesichtspunkten überprüfen und Ihre Ziele kritisch durchleuchten, wird es Ihnen leichtfallen, mit Ihrer Ausstrahlung verantwortungsvoll umzugehen.

Sie wissen jetzt um Mittel und Wege, wie auch Sie selbst Ihr **Lassen Sie Ihr Licht** Licht strahlen lassen können – und damit das Licht, das Ihr **strahlen** Umfeld auf Sie aufmerksam macht. Zum Schluss dieses Buches möchte ich Ihnen eine letzte Übung vorstellen. Sie ist die konzentrierteste und komprimierteste Charisma-Übung. Sie werden merken: Sie lässt Sie nicht nur mehr strahlen, mehr Raum einnehmen und geerdeter werden, sie wirkt auch energetisierend und wird Ihnen mehr Kraft und Durchsetzungsvermögen verleihen. Viel Erfolg und Spaß dabei!

Übung: Charisma verströmen

Es empfiehlt sich, diese Übung mit geschlossenen Augen durchzuführen. Wenn Sie ein wenig Übung haben, kann sie auch mit geöffneten Augen durchgeführt werden.

- Nehmen Sie bitte eine entspannte sitzende Position ein. Lassen Sie Ihre Atmung wieder tief in Ihren Körper sinken und kommen Sie zur Ruhe. Stellen Sie sich vor, durch Sie verläuft eine vertikale „Leitung", die oben und unten Erde und Himmel miteinander verbindet.
- *Einatmen Erde:* Nun versuchen Sie, beim Einatmen mit der Atmung Energie von unten (aus der Erde) in Ihren Oberkörper zu leiten. Definieren Sie genau, wo die Energie hingeleitet wird: Es kann das Sonnengeflecht sein, das Herz oder der Brust-/Herzbereich.
- *Differenzieren Sie:* Wenn Sie mit der Atmung Energie in Ihre Herzgegend leiten, ist damit nicht gemeint, dass Sie den Brustkorb mit Luft füllen. Die Atmung soll wie immer tief im Beckenbereich stattfinden, aber mit dem Impuls des Einatmens lassen Sie Energie zu Ihrem Herz/Sonnengeflecht strömen.
- *Energiezentrum Herz:* Versuchen Sie, diese Energie an der definierten Stelle zu halten, während Sie ausatmen. Wiederholen Sie dieses Ein- und Ausatmen dreimal, indem Sie bei jedem Einatmen jeweils Energie an die Stelle in Ihrem Oberkörper leiten und bei jedem Ausatmen versuchen, die dort gesammelte Energie zu halten.

- *Einatmen oben:* Dann versuchen Sie als Nächstes, beim Einatmen Energie von oben (dabei können Sie aussuchen, was für Sie am besten funktioniert: Energie aus dem All, aus dem Universum, von der Sonne, einem Stern oder einfach bildlich als Inspiration) durch Ihre imaginäre Leitung in Ihrem Körper an die definierte Stelle in Ihrem Brustbereich fließen zu lassen. Beim Ausatmen versuchen Sie wieder, die Energie dort zu halten.
- Dieses Einatmen von oben wiederholen Sie wieder dreimal. Nehmen Sie aufmerksam wahr, wie das Sonnengeflecht oder der Herzbereich immer mehr energetisiert wird, wie sich dort immer mehr Energie ansammelt.
- *Einatmen, unten und oben gleichzeitig:* In der nächsten Phase der Übung versuchen Sie, während des Einatmens aus beiden Richtungen Ihrer „Leitung" Energie an die Stelle in Ihrem Herzbereich zu leiten. Dabei atmen Sie energetisch von unten und von oben gleichzeitig in das Energiezentrum Ihres Oberkörpers hinein (während sich rein physisch natürlich wieder der Unterbauch mit Luft füllt).
- Diese Phase der Übung ist nicht leicht und erfordert etwas Konzentration und Übung. Seien Sie nicht enttäuscht, wenn es nicht gleich beim ersten Mal funktioniert.
- *Charisma ausatmen/verströmen:* In der letzten und entscheidenden Phase dieser Übung atmen Sie jeweils Energie gleichzeitig von oben und unten ein. Sammeln Sie diese wieder im Energiezentrum im Herzbereich, um dann beim Ausatmen diese Energie durch dieses Zentrum als Charisma in Ihre Umwelt hinausströmen zu lassen.
- Bei diesem besonderen Energie-Ausatmen können Sie Ihrer Fantasie freien Lauf lassen: Sie können Ihrer gesammelten Energie eine Farbe geben oder sich vorstellen, wie diese Energie schnell oder langsam aus Ihrem Körper strömt.
- Diese letzte Phase der Übung können Sie so oft wiederholen, wie Sie mögen. Je besser Sie sich dabei konzentrieren können und je genauer Ihr Körper die gesammelte Energie wahrnehmen kann, desto besser.

Zum guten Schluss: Weil das Leben nie stillsteht

Liebe Leserinnen, liebe Leser: Wie schön, dass Sie sich dieses ganze Buch lang den Themen Authentizität, Präsenz und vor allem Charisma zugewendet haben. Vor allem einem Menschen haben Sie diese Zeit gewidmet: nämlich sich selbst. Nehmen Sie in Zukunft öfter eine kurze Auszeit für sich selbst, das würde mich freuen.

Zeit lassen Einige der angesprochenen Themen in diesem Buch brauchen etwas Zeit, um sich zu entfalten. Vertrauen Sie darauf, dass Sie aber schon einen großen Schritt nach vorne getan haben und sich ab jetzt vieles in Ihrer Wirkung nach AUSSEN nach und nach verändern wird.

Sich entwickeln – und dann strahlen Lassen Sie sich bewegen und bewegen Sie andere. Faszinieren Sie Ihre Mitmenschen mit Ihrer Präsenz, Ihrem echten, ureigenen Wesen und Ihrer besonderen Ausstrahlung. Stehen Sie zu sich selbst und Ihren Anliegen und Vorhaben. So werden Sie immer authentischer werden, und Ihre Selbstsicherheit wird Sie tragen. Nehmen Sie dieses Buch als Inspiration für Ihren eigenen Weg zu Ihrer einmaligen Ausstrahlung. Knipsen Sie Ihr Licht an und lassen Sie Ihr Charisma strahlen.

Viel Mut, Gelingen und nicht zuletzt viel Vergnügen wünsche ich Ihnen auf Ihrem eigenen abenteuerlichen Weg. Damit er gelingt, finden Sie im Folgenden eine Zusammenfassung und einige charismatische „Leitsätze".

Das Wichtigste in Kürze

Jeder Mensch hat eine eigene und ganz individuelle Ausstrahlung. Einige Glückliche haben bereits von Natur aus eine charismatische Ausstrahlung geschenkt bekommen, andere müssen etwas mehr dafür tun.

Jeder Mensch aber kann seinem Charisma, also seiner *besonderen Ausstrahlung,* mit Hilfe einer Technik, auf die Schauspieler ständig zurückgreifen, dabei helfen, zu wirken. Diese Technik umfasst verschiedene Elemente: So nehmen Sie „mehr Raum ein", handeln in allen Lebenslagen *authentisch* und erreichen eine *größtmögliche Präsenz.* **Charismatische Ausstrahlung**

Ebenso hat jeder Mensch ein INNEN: seine Innenwelt mit all seinen Emotionen, Zielen und Wünschen. Zu diesem INNEN gehört auch Empathie, die *Fähigkeit, sich in andere Menschen einfühlen zu können,* die eine Basis für den Aufbau von Charisma darstellt. **INNEN und AUSSEN**

Die Ergänzung zum INNEN bildet das AUSSEN, der eigentliche Ort, an den Sie Ihre Ausstrahlung schicken. Dieses AUSSEN können einzelne Menschen oder ein ganzes Publikum oder Auditorium sein.

Charisma ist eine Bewegung von INNEN nach AUSSEN. Das Fundament für den Aufbau von Charisma bilden Bewusstsein und Aufmerksamkeit. Damit ist das aufmerksame und bewusste Beobachten seiner selbst und seiner Umwelt gemeint – Sie sind aufmerksam für das INNEN *und* das AUSSEN. **Bewusstsein und Aufmerksamkeit**

Ein weiteres Werkzeug für den Aufbau einer charismatischen Ausstrahlung und gleichzeitig ein wichtiges Transportmittel Ihrer Wirkung von INNEN nach AUSSEN sind die Charisma-Instrumente. Diese lassen sich untergliedern in die optischen und die akustischen Charisma-Instrumente. Sie helfen Ihnen **Charisma-Instrumente** auch dabei, Ihr Charisma auszubauen und ihm eine größere Energie zu verleihen. Die Folgen sind Ihre gesteigerte Authentizität und Präsenz.

Charisma-Formel Die Aspekte, aus denen sich die Charisma-Formel zusammensetzt, sind: Charisma = Aufmerksamkeit + Präsenz + Authentizität. Das synchrone Zusammenspiel der drei Elemente erzeugt eine Schwingung, die wir Charisma nennen und die Sie verantwortungsvoll einsetzen müssen, da Charisma stets die Außenwelt, und damit andere Menschen, beeinflusst.

Charismatische Leitsätze

- Ich akzeptiere und mag mich so, wie ich bin.
- Ich fühle mich wohl in meinem Körper.
- Ich gehe mit offenen Augen und Ohren bewusst durchs Leben.
- Der Zukunft schaue ich positiv und optimistisch entgegen.
- Ich erwarte das Beste.
- Ich weiß um das Besondere an mir selbst und in mir selbst.
- Ich kenne meine Stärken und Schwächen.
- Alle meine Erfahrungen, die ich bisher in meinem Leben gemacht habe, sind wertvoll.
- Ich bin stolz auf die gemeisterten Prüfungen, die mir das Leben bisher gestellt hat.
- Ich lächle dem Leben zu.
- Ich interessiere mich für mein Gegenüber.
- Ich mag meine Mitmenschen und begegne ihnen immer mit Respekt.
- Empathie kann man trainieren.
- Ich weiß, dass ich mich in andere Menschen einfühlen kann.
- Ich muss mich nicht immer so ernst nehmen.
- Das Leben versuche ich leichtzunehmen.
- Ich bin mit den Menschen, der Natur und der ganzen Welt verbunden.
- Ich habe tolle Charisma-Instrumente.
- Ich pflege meine Charisma-Instrumente.
- Ich bin mutig und freue mich über neue Möglichkeiten.
- Ich kann dosieren, wie stark ich ausstrahlen möchte.
- Ich entscheide selbst, WAS ich ausstrahle.
- Ich kann mein INNEN „verströmen".
- Das INNEN und das AUSSEN stehen in Kontakt miteinander, wenn ich das möchte.
- Authentizität hängt nicht an meinen privaten Emotionen.
- Ich versuche, im Moment, im Hier und Jetzt ganz da zu sein.

Literaturverzeichnis

Aderhold, Egon; Wolf, Edith: *Sprecherzieherisches Übungsbuch.* Henschel Verlag, Berlin, 15. Auflage 2005

Alavi Kia, Romeo: *Stimme – Spiegel meines Selbst. Ein Übungsbuch.* Aurum Verlag, Bielefeld 2001

Balser-Eberle, Vera: *Sprechtechnisches Übungsbuch.* öbv & hpt, Wien 2003

Brook, Peter: *Der leere Raum.* Alexander Verlag, Berlin, 10. Auflage 2009

Fiukowski, Heinz: *Sprecherzieherisches Elementarbuch.* Niemeyer Verlag, Tübingen, 8. Auflage 2004

Holzheu, Harry: *Ehrlich überzeugen.* Econ Verlag, Berlin 2003

Holzheu, Harry: *Das ultimative Rhetorik-Brevier.* Econ Verlag, Berlin 2005

Molcho, Samy: *Körpersprache des Erfolgs.* Heinrich Hugendubel Verlag/Ariston, Kreuzlingen/München 2005

Shurtleff, Michael: *Erfolgreich vorsprechen.* Alexander Verlag, Berlin, 5. Auflage 2009

Spies, Stefan: *Authentische Körpersprache.* Hoffmann und Campe Verlag, Hamburg 2004

Stichwortverzeichnis

Verzeichnis
der Übungen

Die Autorin

Anouk Scherer hat sich als ausgebildete Schau-spielerin schon früh mit ihrer eigenen Aus-strahlung auseinandersetzen müssen. Die Wir-kung von Schauspielern auf das Publikum und die besondere Magie der Bühnenpräsenz waren die Inspiration zu diesem Buch.
Seit 2003 ist die Schweizerin Inhaberin des Unternehmens **Anouk Scherer Stimm- und Sprechcoaching.** Sie berät Persönlichkeiten aus Politik und Wirtschaft und gibt Firmen-seminare und Workshops in Deutschland und der Schweiz. Als Dozentin ist Anouk Scherer an verschiedenen Schweizer Hochschulen und Institutionen zur Weiterbildung tätig.
Nach Anfängen an der Universität Bern (Me-dien- und Theaterwissenschaften) hat sie in Deutschland Schauspiel studiert. Ergänzend hat sie eine mehrjährige Gesangsausbildung bei renommierten Lehrern absolviert.
Anouk Scherer kann auf eine mehrjährige Bühnenpraxis zurückblicken und spielte in Film und Fernsehen. Zu Schwer-punkten wie „Stimme", „Sprechen" und „Auftrittskompetenz" war sie bereits in TV und Presse als Expertin präsent. Mit ihrer eigenen Firma hat sie sich einen Traum erfüllt: „Mein Beruf ist der schönste der Welt – ich darf täglich miterleben, wie sich Menschen weiterentwickeln und persönliche Erfolge erzielen!"

Kontakt: Anouk Scherer, CH-6300 Zug
E-Mail: info@sprech-coaching.de
Internet: www.sprech-coaching.de

Die Covey-Bibliothek

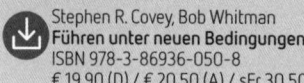

GABAL: Ihr „Netzwerk Lernen" – ein Leben lang

Ihr Gabal-Verlag bietet Ihnen Medien für das persönliche Wachstum und Sicherung der Zukunftsfähigkeit von Personen und Organisationen. „GABAL" gibt es auch als Netzwerk für Austausch, Entwicklung und eigene Weiterbildung, unabhängig von den in Training und Beratung eingesetzten Methoden: GABAL, die **G**esellschaft zur Förderung **A**nwendungsorientierter **B**etriebswirtschaft und **A**ktiver **L**ehrmethoden in Hochschule und Praxis e.V. wurde 1976 von Praktikern aus Wirtschaft und Fachhochschule gegründet. Der Gabal-Verlag ist aus dem Verband heraus entstanden. Annähernd 1.000 Trainer und Berater sowie Verantwortliche aus der Personalentwicklung sind derzeit Mitglied.

Die Mitgliedschaft gibt es quasi ab 0 Euro!
Aktive Mitglieder holen sich den Jahresbeitrag über geldwerte Vorteil zu mehr als 100% zurück: Medien-Gutschein und Gratis-Abos, Vorteils-Eintritt bei Veranstaltungen und Fachmessen. **Hier treffen Sie Gleichgesinnte, wann, wo und wie Sie möchten:**

- Internet: Aktuelle Themen der Weiterbildung im Überblick, wichtige Termine immer greifbar, Thesen-Papiere und gesichertes Know-how inform von White-papers gratis abrufen
- Regionalgruppe: auch ganz in Ihrer Nähe finden Treffen und Veranstaltungen von GABAL statt – Menschen und Methoden in Aktion kennen lernen
- Jahres-Symposium: Schnuppern Sie die legendäre „GABAL-Atmosphäre" und diskutieren Sie auch mit „Größen" und „Trendsettern" der Branche.

Über Veröffentlichungen auf der Website (Links, White-papers) steigen Mitglieder „im Ansehen" der Internet-Suchmaschinen.
Neugierig geworden? Informieren Sie sich am besten gleich!

Lernen Sie das Netzwerk Lernen unverbindlich kennen.
Die aktuellen Termine und Themen finden Sie im Web unter **www.gabal.de.**
E-Mail: info@gabal.de.

Telefonisch erreichen Sie uns per 06132.509 50-90.

„Es ist viel passiert, seit Gründung von GABAL: Was 1976 als Paukenschlag begann, ... wirkt weit in die Bildungs-Branche hinein: Nachhaltig Wissen und Können für künftiges Wirken schaffen ..."
(Prof. Dr. Hardy Wagner, Gründer GABAL e.V.)